T0262605

# La loca de la casa

**Rosa Montero** nació en Madrid y estudió periodismo y psicología. Ha publicado las novelas *Crónica del desamor* (1979), *La función Delta* (1981), *Te trataré como a una reina* (1983), *Amado Amo* (1988), *Temblor* (1990), *Bella y Oscura* (1993), *La hija del caníbal* (1997, Premio Primavera de Novela), *El corazón del Tártaro* (2001), *La loca de la casa* (2003; Premio Qué Leer 2004 al mejor libro del año, Premio Grinzane Cavour 2005 y Premio Roman Primeur 2006, Francia), *Historia del Rey Transparente* (2005; Premio Qué Leer 2005 al mejor libro del año y Premio Mandarache 2007), *Instrucciones para salvar el mundo* (2008; Premio de los Lectores del Festival de Literaturas Europeas de Cognac, Francia, 2011), *Lágrimas en la lluvia* (2011), *Lágrimas en la lluvia. Cómic* (2011; Premio al Mejor Cómic 2011 por votación popular en el Salón Internacional del Cómic de Barcelona), *La ridícula idea de no volver a verte* (2013; Premio de la Crítica de Madrid 2014), *El peso del corazón* (2015), *La carne* (2016), *Los tiempos del odio* (2018) y *La buena suerte* (Alfaguara, 2020). También ha publicado el libro de relatos *Amantes y enemigos* (1998; Premio Círculo de Críticos de Chile 1999), y dos ensayos biográficos, *Pasiones* (1999) e *Historias de mujeres* (2001), así como cuentos para niños, recopilaciones de artículos y entrevistas como *Escribir con Rosa Montero* (2017) y *El arte de la entrevista* (2019). Desde finales de 1976 trabaja de manera exclusiva para el diario *El País*, en el que fue redactora jefa del suplemento dominical durante 1980-1981. En 1978 ganó el Premio Mundo de Entrevistas, en 1980 el Premio Nacional de Periodismo para reportajes y artículos literarios y en 2005 el Premio de la Asociación de la Prensa de Madrid a toda una vida profesional. Su obra está traducida a más de veinte idiomas, es doctora *honoris causa* por la Universidad de Puerto Rico y Premio Internacional Columnistas del Mundo 2014. En 2017 fue galardonada con el Premio Nacional de las Letras Españolas.

Para más información, visita la página web de la autora: www.rosamontero.es

También puedes seguir a Rosa Montero en Facebook, Twitter e Instagram:

📘 Rosa Montero
🐦 @BrunaHusky
📷 @rosamontero_oficial

Biblioteca

# ROSA MONTERO

## La loca de la casa

**DEBOLS!LLO**

Papel certificado por el Forest Stewardship Council®

Primera edición en Debolsillo: octubre de 2015
Decimocuarta reimpresión: enero de 2023

© 2003, Rosa Montero
© 2015, Penguin Random House Grupo Editorial, S.A.U.
Travessera de Gràcia, 47-49. 08021 Barcelona
Diseño de la cubierta: Hans Geel
Fotografía de la cubierta: Archivo de la autora sobre otra de © Corbis / Cover

Printed in Spain – Impreso en España

ISBN: 978-84-9062-922-2
Depósito legal: B-18.886-2015

Impreso en Novoprint
Sant Andreu de la Barca (Barcelona)

P 6 2 9 2 2 B

*Para Martina, que es y no es.*
*Y que, no siendo, me ha enseñado mucho.*

# 1

Me he acostumbrado a ordenar los recuerdos de mi vida con un cómputo de novios y de libros. Las diversas parejas que he tenido y las obras que he publicado son los mojones que marcan mi memoria, convirtiendo el informe barullo del tiempo en algo organizado. «Ah, aquel viaje a Japón debió de ser en la época en la que estaba con J., poco después de escribir *Te trataré como a una reina*», me digo, e inmediatamente las reminiscencias de aquel periodo, las desgastadas pizcas del pasado, parecen colocarse en su lugar. Todos los humanos recurrimos a trucos semejantes; sé de personas que cuentan sus vidas por las casas en las que han residido, o por los hijos, o por los empleos, e incluso por los coches. Puede que esa obsesión que algunos muestran por cambiar de automóvil cada año no sea más que una estrategia desesperada para tener algo que recordar.

Mi primer libro, un horrible volumen de entrevistas plagado de erratas, salió cuando yo tenía veinticinco años; mi primer amor lo suficientemente contundente como para marcar época debió de ser en torno a los veinte años. Esto quiere decir que la adolescencia y la infancia se hunden en el magma amorfo y movedizo del tiempo sin tiempo, en una turbulenta confusión de escenas sin datar. En ocasiones, leyendo las autobiografías de algunos escritores, me pasma la cristalina claridad con que recuerdan sus infancias hasta en el más mínimo detalle. Sobre todo los rusos, tan rememorativos de una niñez luminosa que siempre parece la misma, llena de samovares que destellan en la plácida penumbra de los salones y de espléndidos jardines de susurrantes hojas bajo el quieto sol de los veranos. Son tan iguales estas paradisíacas infancias rusas que una no puede menos que suponerlas una mera recreación, un mito, un invento.

Cosa que sucede con todas las infancias, por otra parte. Siempre he pensado que la narrativa es el arte primordial de los humanos. Para ser, tenemos que narrarnos, y en ese cuento de nosotros mismos hay muchísimo cuento: nos mentimos, nos imaginamos, nos engañamos. Lo que hoy relatamos de nuestra infancia no tiene nada que ver con lo que relataremos dentro de veinte años. Y lo que uno recuerda de la historia común familiar suele ser completamente distinto de lo que recuerdan los hermanos. A veces intercambio unas cuantas escenas del pasado con mi hermana Martina, como quien cambia cromos: y el hogar infantil que dibujamos una y otra apenas si tiene puntos en común. Sus padres se llamaban como los míos y habitaban en una calle con idéntico nombre, pero eran indudablemente otras personas.

De manera que nos inventamos nuestros recuerdos, que es igual que decir que nos inventamos a nosotros mismos, porque nuestra identidad reside en la memoria, en el relato de nuestra biografía. Por consiguiente, podríamos deducir que los humanos somos, por encima de todo, novelistas, autores de una única novela cuya escritura nos lleva toda la existencia y en la que nos reservamos el papel protagonista. Es una escritura, eso sí, sin texto físico, pero cualquier narrador profesional sabe que se escribe, sobre todo, dentro de la cabeza. Es un runrún creativo que te acompaña mientras conduces, cuando paseas al perro, mientras estás en la cama intentando dormir. Uno escribe todo el rato.

Llevo bastantes años tomando notas en diversos cuadernitos con la idea de hacer un libro de ensayo en torno al oficio de escribir. Lo cual es una especie de manía obsesiva para los novelistas profesionales: si no fallecen prematuramente, todos ellos padecen antes o después la imperiosa urgencia de escribir sobre la escritura, desde Henry James a Vargas Llosa pasando por Stephen Vizinczey, Montserrat Roig o Vila-Matas, por citar algunos de los libros que más me han gustado. Yo también he sentido la furiosa llamada de esa pulsión o ese vicio, y ya digo que llevaba mucho tiempo apuntando ideas cuando poco a poco fui advirtiendo que no podía hablar de la literatura sin hablar de la vida; de la imaginación sin hablar de los sueños cotidianos; de la invención narrativa sin tener en cuenta que la primera mentira es lo real. Y así, el proyecto del libro se fue haciendo cada vez más impreciso y más confuso, cosa por otra parte natural, al irse entremezclando con la existencia.

La conmovedora y trágica Carson McCullers, autora de *El corazón es un cazador solitario*, escribió en sus diarios: «Mi vida ha seguido la pauta que siempre ha seguido: trabajo y amor». Me parece que también ella debía de contabilizar los días en libros y amantes, una coincidencia que no me extraña nada, porque la pasión amorosa y el oficio literario tienen muchos puntos en común. De hecho, escribir novelas es lo más parecido que he encontrado a enamorarme (o más bien lo único parecido), con la apreciable ventaja de que en la escritura no necesitas la colaboración de otra persona. Por ejemplo: cuando estás sumido en una pasión, vives obsesionado por la persona amada, hasta el punto de que todo el día estás pensando en ella; te lavas los dientes y ves flotar su rostro en el espejo, vas conduciendo y te confundes de calle porque estás obnubilado con su recuerdo, intentas dormirte por las noches y en vez de deslizarte hacia el interior del sueño caes en los brazos imaginarios de tu amante. Pues bien, mientras escribes una novela vives en el mismo estado de deliciosa enajenación: todo tu pensamiento se encuentra ocupado por la obra y en cuanto dispones de un minuto te zambulles mentalmente en ella. También te equivocas de esquina cuando conduces, porque, como el enamorado, tienes el alma entregada y en otra parte.

Otro paralelismo: cuando amas apasionadamente tienes la sensación de que, al instante siguiente, vas a conseguir compenetrarte hasta tal punto con el amado que os convertiréis en uno solo; es decir, intuyes que está a tu alcance el éxtasis de la unión total, la belleza absoluta del amor verdadero. Y cuando estás escribiendo una novela presientes que, si te esfuerzas y estiras los dedos, vas a poder rozar el éxtasis de la obra perfecta, la belleza absoluta de la página más auténtica que jamás se ha escrito. Ni que decir tiene que esa culminación nunca se alcanza, ni en el amor ni en la narrativa; pero ambas situaciones comparten la formidable expectativa de sentirte en vísperas de un prodigio.

Y por último, pero es en realidad lo más importante, cuando te enamoras locamente, en los primeros momentos de la pasión, estás tan lleno de vida que la muerte no existe. Al amar eres eterno. Del mismo modo, cuando te encuentras escribiendo una novela, en los momentos de gracia de la creación del libro, te sientes tan impregnado por la vida de esas criaturas imaginarias que para ti no existe el tiempo, ni la decadencia, ni tu propia mortalidad. También eres eterno mientras inventas historias. Uno escribe siempre contra la muerte.

De hecho, me parece que los narradores somos personas más obsesionadas por la muerte que la mayoría; creo que percibimos el paso del tiempo con especial sensibilidad o virulencia, como si los segundos nos tictaquearan de manera ensordecedora en las orejas. A lo largo de los años he ido descubriendo, por medio de la lectura de biografías y por conversaciones con otros autores, que un elevado número de novelistas han tenido una experiencia muy temprana de decadencia. Pongamos que a los seis, o diez, o doce años, han visto cómo el mundo de su infancia se desbarataba y desaparecía para siempre de una manera violenta. Esa violencia puede ser exterior y objetivable: un progenitor que muere, una guerra, una ruina. Otras veces es una brutalidad subjetiva que sólo perciben los propios narradores y de la que no están muy dispuestos a hablar; por eso, el hecho de que en la biografía de un novelista no haya constancia de esa catástrofe privada no quiere decir que no haya existido (yo también tengo mi duelo personal: y tampoco lo cuento).

Y así, los casos de los que se tienen datos objetivos suelen ser historias más o menos aparatosas. Vladimir Nabokov lo perdió todo con la Revolución Rusa: su país, su dinero, su mundo, su lengua, incluso a su padre, que fue asesinado. Simone de Beauvoir nació siendo una niña rica y heredera de una estirpe de banqueros, pero poco después la familia quebró y se fueron a malvivir pobremente en un cuchitril. Vargas Llosa perdió su lugar de príncipe de la casa cuando el padre, al que él creía muerto, regresó a imponer su violenta y represiva autoridad. Joseph Conrad, hijo de un noble polaco revolucionario y nacionalista, fue deportado a los seis años con su familia a un pueblecito mísero del norte de Rusia, en condiciones tan duras que la madre, enferma de tuberculosis, murió a los pocos meses; Conrad siguió viviendo en el destierro con el padre, que también estaba tuberculoso y además muy desesperado («más que un hombre enfermo era un hombre vencido», escribió el novelista en sus memorias); al cabo el padre falleció, con lo que Conrad, que para entonces contaba tan sólo once años, cerró el círculo de fuego del sufrimiento y de la pérdida. Quiero creer que aquel dolor enorme por lo menos contribuyó a crear a un escritor inmenso.

Podría citar a muchísimos más, pero nombraré tan sólo a Rudyard Kipling, que disfrutó de una edénica infancia en la India (tan idealizada como la niñez de los escritores rusos, pero con sirvientes enturbantados en vez de bondadosos *mujiks*) y que se vio lanzado, a los seis años, a la pesadilla de un horrible internado en la oscura y húmeda Inglaterra. Aunque en realidad no era un internado, sino una pensión en la que sus padres le depositaron, al cuidado de una familia que resultó ser feroz. «Lo de aquella casa era tortura fría y calculada, al propio tiempo que religiosa y científica. Sin embargo, me hizo fijar la atención en las mentiras que, al poco tiempo, me fue necesario decir: ése es, según presumo, el fundamento de mis esfuerzos literarios», dice el propio Kipling en su autobiografía *Algo sobre mí mismo*, consciente del íntimo nexo que esa experiencia guardaba con su narrativa. Él lo explicaba como culminación de una estrategia defensiva; a mí, en cambio, me parece que lo sustancial es que todos esos novelistas que han creído perder en algún momento el paraíso escriben —escribimos— para intentar recuperarlo, para restituir aquello que se ha ido, para luchar contra la decadencia y el fin inexorable de las cosas. «Del dolor de perder nace la obra», dice el psicólogo Philippe Brenot en su libro *El genio y la locura*.

Hablar de literatura, pues, es hablar de la vida; de la vida propia y de la de los otros, de la felicidad y del dolor. Y es también hablar del amor, porque la pasión es el mayor invento de nuestras existencias inventadas, la sombra de una sombra, el durmiente que sueña que está soñando. Y al fondo de todo, más allá de nuestras fantasmagorías y nuestros delirios, momentáneamente contenida por este puñado de palabras como el dique de arena de un niño contiene las olas en la playa, asoma la Muerte, tan real, enseñando sus orejas amarillas.

# 2

El escritor siempre está escribiendo. En eso consiste en realidad la gracia de ser novelista: en el torrente de palabras que bulle constantemente en el cerebro. He redactado muchos párrafos, innumerables páginas, incontables artículos, mientras saco a pasear a mis perros, por ejemplo: dentro de mi cabeza voy moviendo las comas, cambiando un verbo por otro, afinando un adjetivo. En ocasiones redacto mentalmente la frase perfecta, y a lo peor, si no la apunto a tiempo, luego se me escapa de la memoria. He refunfuñado y me he desesperado muchísimas veces intentando recuperar esas palabras exactas que iluminaron por un momento el interior de mi cráneo, para luego volver a sumergirse en la oscuridad. Las palabras son como peces abisales que sólo te enseñan un destello de escamas entre las aguas negras. Si se desenganchan del anzuelo, lo más probable es que no puedas volverlas a pescar. Son mañosas las palabras, y rebeldes, y huidizas. No les gusta ser domesticadas. Domar una palabra (convertirla en un tópico) es acabar con ella.

Pero en el oficio de novelista hay algo aún mucho más importante que ese tintineo de palabras, y es la imaginación, las ensoñaciones, esas otras vidas fantásticas y ocultas que todos tenemos. Decía Faulkner que una novela «es la vida secreta de un escritor, el oscuro hermano gemelo de un hombre». Y Sergio Pitol, de quien he tomado la cita de Faulkner (la cultura es un palimpsesto y todos escribimos sobre lo que otros ya han escrito), añade: «Un novelista es un hombre que oye voces, lo cual lo asemeja con un demente». Dejando aparte el hecho de que, cuando todos los varones escriben «hombre», yo he tenido que aprender a leer también «mujer» (esto no es baladí, y probablemente vuelva a ello más adelante), me parece que en realidad esa imaginación desbridada nos asemeja más a los niños que a los lunáticos. Creo que todos los humanos entramos en la existencia sin saber distinguir bien lo real de lo soñado; de hecho, la vida infantil es en buena medida imaginaria. El proceso de socialización, lo que llamamos educar, o madurar, o crecer, consiste precisamente en podar las florescencias fantasiosas, en cerrar las puertas del delirio, en amputar nuestra capacidad para soñar despiertos; y ay de aquel que no sepa sellar esa fisura con el otro lado, porque probablemente será considerado un pobre loco.

Pues bien, el novelista tiene el privilegio de seguir siendo un niño, de poder ser un loco, de mantener el contacto con lo informe. «El escritor es un ser que no llega jamás a hacerse adulto», dice Martin Amis en su hermoso libro autobiográfico *Experiencia*, y él debe de saberlo muy bien, porque tiene todo el aspecto de un Peter Pan algo marchito que se niega empeñosamente a envejecer. Algún bien haremos a la sociedad con nuestro crecimiento medio abortado, con nuestra madurez tan inmadura, pues de otro modo no se permitiría nuestra existencia. Supongo que somos como los bufones de las cortes medievales, aquellos que pueden ver lo que las convenciones niegan y decir lo que las conveniencias callan. Somos, o deberíamos ser, como aquel niño del cuento de Andersen que, al paso de la pomposa cabalgata real, es capaz de gritar que el monarca está desnudo. Lo malo es que luego llega el poder, y el embeleso por el poder, y a menudo lo desbarata y lo pervierte todo.

Escribir, en fin, es estar habitado por un revoltijo de fantasías, a veces perezosas como las lentas ensoñaciones de una siesta estival, a veces agitadas y enfebrecidas como el delirio de un loco. La cabeza del novelista marcha por sí sola; está poseída por una suerte de compulsión fabuladora, y eso a veces es un don y en otras ocasiones es un castigo. Por ejemplo, a lo mejor lees un día en el periódico una noticia atroz sobre niños descuartizados delante de sus padres en Argelia, y no puedes evitar que la maldita fantasía se te dispare, recreando de manera instantánea la horripilante escena hasta en sus detalles más insoportables: los gritos, las salpicaduras, el pegajoso olor, el chasquido de los huesos al quebrarse, la mirada de los verdugos y las víctimas. O bien, en un nivel mucho más ridículo pero igualmente molesto, vas a cruzar un río de montaña por un puente improvisado de troncos y, al plantar el primer pie sobre el madero, tu cabeza te ofrece, de manera súbita, la secuencia completa de tu caída: cómo vas a resbalar con el verdín, cómo vas a bracear en el aire patosamente, cómo vas a meter un pie en la corriente helada y después, para mayor oprobio, también el otro pie e incluso las nalgas, porque te vas a caer sentada sobre el arroyo. Y, *voilà*, una vez imaginada la tontería con todos sus pormenores (el choque frío del agua, el momentáneo descoloque espacial que produce toda caída, la dolorosa torcedura del pie, el escozor del raspón de la mano contra la piedra), resulta bastante difícil no cumplirla. De lo que se deriva, al menos en mi caso, una enojosa tendencia a despanzurrarme en todos los vados de riachuelos y en todas las laderas montañosas un poco ásperas.

Pero estos sinsabores se compensan con la fabulación creativa, con las otras vidas que los novelistas vivimos en la intimidad de nuestras cabezas. José Peixoto, un joven narrador portugués, ha bautizado estos imaginarios conatos de existencia como los «y si». Y tiene razón: la realidad interior se te multiplica y desenfrena en cuanto que te apoyas en un «y si». Por ejemplo, estás haciendo cola ante la ventanilla de un banco cuando, en un momento dado, entra en la oficina una anciana octogenaria acompañada de un niño de unos diez años. Entonces, sin venir a cuento, tu mente te susurra: ¿y si en realidad vinieran a robar la sucursal? ¿Y si se tratara de una insospechada banda de atracadores compuesta por la abuela y el nieto, porque los padres del chico han muerto y ellos dos están solos en el mundo y no encuentran otra manera de mantenerse? ¿Y si al llegar ante la ventanilla sacaran un arma improvisada (unas tijeras de podar, por ejemplo; o un fumigador de jardines cargado de veneno para pulgones) y exigieran la entrega de todo el dinero? ¿Y si vivieran en una casita baja que se hubiera quedado aislada entre un nudo de autopistas? ¿Y si quisieran expropiarles y expulsarles de allí, pero ellos se negaran? ¿Y si para alcanzar su hogar tuvieran que sortear todos los días el galimatías de carreteras, organizando en ocasiones tremendos accidentes a su paso —conductores que intentan esquivar a la vieja y que se estampan contra la mediana de hormigón—, colosales choques en cadena que la abuela y el niño ni siquiera se detienen a mirar, aunque a sus espaldas estalle un horrísono estruendo de chatarras? ¿Y si...? Y de esta manera vas componiendo rápidamente toda la vida de esos dos personajes, esto es, toda *una* vida, y tú te vives dentro de esas existencias, eres la vieja peleona pero también el nieto que ha tenido que madurar a pescozones; y en los pocos minutos que tardas en llegar a la ventanilla has recorrido años dentro de ti. Luego el cajero te atiende, recoges tus euros, firmas tus papeles y te marchas, y allí se quedan tan tranquilos la mujer y el niño, ignorantes de los avatares que han vivido.

Lo más probable es que la historia se acabe ahí, que no sea más que eso, una ensoñación pasajera y onanista, una elucubración privada que jamás rozará la materialidad de la escritura y del papel. Pero algunas de estas fabulaciones casuales acabarán apareciendo en una narración, tal vez años más tarde; normalmente no la peripecia completa, sino un trocito, un detalle, el dibujo germinal de un personaje. Y en raras ocasiones, muy de cuando en cuando, la historia se niega a desaparecer de tu cabeza y empieza a ramificarse y obsesionarte, convirtiéndose en un cuento o incluso en una novela.

Porque las novelas nacen así, a partir de algo ínfimo. Surgen de un pequeño grumo imaginario que yo denomino *el huevecillo*. Este corpúsculo primero puede ser una emoción, o un rostro entrevisto en una calle.

Mi tercera novela, *Te trataré como a una reina*, brotó de una mujer que vi en un bar de Sevilla. Era un local absurdo, barato y triste, con sillas descabaladas y mesas de formica. Detrás de la barra, una rubia cercana a los cuarenta servía las bebidas a los escasos parroquianos; era terriblemente gorda y sus hermosos ojos verdes estaban abrumados por el peso de unas pestañas postizas que parecían de hierro. Cuando todos estuvimos despachados, la cachalota se quitó el guardapolvos pardo que llevaba y dejó al descubierto un vestido de fiesta de un tejido sintético azul chillón. Salió de detrás del mostrador y cruzó el local, llameando como el fuego de un soplete dentro de su apretado traje de nylon, hasta sentarse delante de un teclado eléctrico, de esos que poseen una caja de ritmos que cuando aprietas un botón hacen chispún. Y eso empezó a hacer la rubia: chispún y chunda-chunda, mientras tocaba y cantaba una canción tras otra, poniendo cara de animadora de hotel de lujo. Pero esa mujer, que ahora parecía meramente ridícula, sabía tocar el piano y en algún momento había soñado sin duda con otra cosa. Yo hubiera querido preguntarle a la rubia qué había sucedido en su pasado, cómo había llegado hasta aquel vestido azulón y aquel bar grisáceo. Pero, en vez de cometer la grosería de interrogarla, preferí inventarme una novela que me contara su historia.

Esto que acabo de explicar es algo muy común; es decir, muchos novelistas se quedan prendidos y prendados de la imagen de una persona a la que apenas si han visto unos instantes. Claro que esa visión puede ser deslumbrante y llena de sentido, aturdidora. Es como si al mirar a la rubia del vestido eléctrico vieras mucho más.

Carson McCullers llamaba *iluminaciones* a esos espasmos premonitorios de aquello que aún no sabes, pero que ya se agolpa en los bordes de tu conciencia. McCullers consideraba que esas visiones eran «como un fenómeno religioso». Una de sus últimas obras, *La balada del café triste*, nació también de un par de tipos que contempló de pasada en un bar de Brooklyn: «Vi una pareja extraordinaria que me fascinó. Entre los parroquianos había una mujer alta y fuerte como una giganta y, pegado a sus talones, un jorobadito. Los observé una sola vez, pero al cabo de unas semanas tuve la iluminación de la novela».

En ocasiones el periodo de gestación es mucho más largo. Rudyard Kipling cuenta en sus memorias un poco afortunado viaje que hizo a la ciudad de Auckland, en Nueva Zelanda: «El único recuerdo que me llevé de aquel lugar fue el rostro y la voz de una mujer que me vendió cerveza en un hotelito. Se quedó en el desván de mi memoria hasta que, diez años después, en un tren local en Ciudad del Cabo, oí a un suboficial hablar de una mujer en Nueva Zelanda que "nunca se negaba a ayudar a un ánade cojo ni a aplastar un escorpión con el pie". Entonces aquellas palabras me dieron la clave del rostro y la voz de la mujer de Auckland, y un cuento titulado *Mistress Bathurst* se deslizó por mi cerebro suave y ordenadamente».

Otras veces, cuentos y novelas poseen un origen aún más enigmático. Por ejemplo, hay narraciones que nacen de una frase que de pronto se enciende dentro de tu cabeza sin que siquiera tengas muy claro su sentido. Kipling escribió un relato titulado *El cautivo* que se construyó en torno a esta frase: «Una gran parada militar que nos sirva de preparación para cuando llegue el Apocalipsis». Y el estupendo escritor español José Ovejero llevaba un tiempo bloqueado y sin poder sacar adelante una novela en la que había trabajado durante años cuando, en mitad de un rutinario viaje en avión, y con la intención de salir del atolladero, se dijo a sí mismo: «Relájate y escribe cualquier cosa». E inmediatamente se le ocurrió la siguiente frase: «2001 ha sido un mal año para Miki». No tenía ni idea de quién era Miki ni de por qué había sido un mal año, pero ese pequeño problema de contenido no le amilanó en absoluto. Así nació una novela que se redactó a sí misma a toda velocidad en tan sólo seis meses y que se tituló, como es natural, *Un mal año para Miki*. A veces tengo la sensación de que el autor es una especie de médium.

A mí también se me iluminó el cerebro en una ocasión con una frase turbia y turbulenta que engendró una novela entera. Estaba viviendo a la sazón en Estados Unidos, en las afueras de Boston, y mi hermana había venido a visitarme. Un amigo nos había invitado a cenar en su casa en la parte antigua de la ciudad. Era un domingo de marzo y la primavera se abría gloriosamente paso entre los jirones del invierno. Fuimos por la mañana en el tren al centro, y comimos sándwiches de queso y nueces en un café, y paseamos por los jardines del Common, y discutimos, como siempre solemos discutir Martina y yo, y les estuvimos echando miguitas de pan a las ardillas hasta que una de ellas dio un golpe de mano y nos arrebató el mendrugo entero con una incursión audaz y temeraria. Fue un domingo hermoso. Por la tarde, Martina decidió que fuéramos andando hasta la casa de mi amigo. Nunca habíamos estado allí y el lugar se encontraba en la otra punta de la ciudad, pero, según el mapa (y Martina se jacta de saber leer mapas), el itinerario era más o menos recto, sin posible pérdida. No puedo decir que la idea de ir a pie hasta allá me hiciera feliz, pero tampoco puedo decir que me opusiera de una manera frontal. Siempre me sucede lo mismo con Martina, hay algo incierto e indefinido entre nosotras, una relación que carece de sentimientos concretos, de palabras precisas. Nos pusimos en camino, pues, mientras el sol caía y la ciudad opulenta empezaba a encenderse a nuestro alrededor como una fiesta. Nos pusimos en camino siempre siguiendo el mapa y el dedo con el que Martina iba marcando el mapa.

Poco a poco, de la manera más insidiosamente gradual, nuestro viaje se pudrió. Cayó el sol, llevándose consigo su pantomima primaveral y entregando el campo de batalla al duro invierno. Hacía frío, cada vez más frío, incluso se puso a lloviznar un aguanieve mezquino que pinchaba en la cara con mordedura de aguja. Al mismo tiempo, y en una evolución tan soterrada y perniciosa como el desarrollo de un tumor, el entorno empezó a descomponerse. Las calles hermosas y ricas del centro de Boston, inundadas por las cataratas de luz de los escaparates, dieron paso a calles más discretas, bonitas, residenciales; y éstas a avenidas de tránsito rápido con almacenes cerrados a los lados; y las avenidas a otras vías más estrechas y más oscuras, ya sin gente, sin tiendas, sin farolas; y luego empezaron a aparecer gasolineras viejas y abandonadas, con roñosos anuncios de lata que el viento hacía girar chillonamente sobre sus ejes; solares polvorientos, carcasas de coches destripados, edificios vacíos con las ventanas cegadas por medio de tablones, aceras rotas y cubos de basura quemados en mitad de la calzada, de una calzada negra y reluciente de lluvia por la que no transitaba ningún coche. Ni siquiera podíamos coger un taxi, porque por aquel corazón de la miseria urbana no circulaba nadie. Nos habíamos metido en el infierno sin darnos cuenta, y por las borrosas esquinas de esa ciudad prohibida se escurrían sombras imprecisas, figuras humanas que sólo podían pertenecer al enemigo, de manera que aterraba mucho más atisbar a algún individuo a lo lejos que atravesar a solas esas calles dolientes.

Yo corría y corría, esto es, caminaba a toda la velocidad que mis pantorrillas y mi pánico me permitían, odiando a Martina, insultando a Martina, llevando a mi hermana detrás, varios pasos rezagada, como la cola de un cometa. Porque ella, que siempre se jacta de ser valiente, quería demostrar a las calles siniestras, a las esquinas sombrías, a las ventanas rotas, que no estaba dispuesta a apresurar la marcha por un mero temblor de miedo en el estómago. Y en el transcurso de la hora interminable que nos llevó cruzar la ciudad apestada hasta alcanzar de nuevo los barrios burgueses y el piso de mi amigo (no nos sucedió nada malo, más allá de mojarnos), se me encendió en algún instante dentro de la cabeza una frase candente que parecía haber sido escrita por un rayo, como las leyes que los dioses antiguos grababan con un dedo de fuego sobre las rocas. Esa frase decía: «Hay un momento en que todo viaje se convierte en una pesadilla»; y esas palabras echaron el ancla en mi voluntad y mi memoria y empezaron a obsesionarme, como el estribillo de una canción pegadiza del que uno no se puede desprender por más que quiera. Hasta el punto de que tuve que escribir toda una novela en torno a esa frase para librarme de ella. Así fue como nació *Bella y oscura*.

Visto aquel asunto desde hoy, con la perspectiva del tiempo, puedo añadir sensatas y profusas explicaciones, porque la razón posee una naturaleza pulcra y hacendosa y siempre se esfuerza por llenar de causas y efectos todos los misterios con los que se topa, al contrario de la imaginación (*la loca de la casa*, como la llamaba Santa Teresa de Jesús), que es pura desmesura y deslumbrante caos. Y así, aplicando la razón puedo deducir sin gran esfuerzo que el viaje es una metáfora obvia de la existencia; que por entonces yo me encontraba más o menos cumpliendo los cuarenta (y Martina también: somos mellizas y vertiginosamente distintas) y que probablemente esa frase era una manera de expresar los miedos al horror de la vida y sobre todo a la propia muerte, que es un descubrimiento de la cuarentena, porque, de joven, la muerte siempre es la muerte de los demás. Y sí, seguro que todo esto es verdad y que estos ingredientes forman parte de la construcción del libro, pero sin duda hay más, muchísimo más, que no puede ser explicado sensatamente. Porque las novelas, como los sueños, nacen de un territorio profundo y movedizo que está más allá de las palabras. Y en ese mundo saturnal y subterráneo reina la fantasía.

Regresamos así a la imaginación. A esa loca a ratos fascinante y a ratos furiosa que habita en el altillo. Ser novelista es convivir felizmente con la loca de arriba.

Es no tener miedo de visitar todos los mundos posibles y algunos imposibles. Tengo otra teoría (tengo muchas: un resultado de la frenética laboriosidad de mi razón), según la cual los narradores somos seres más disociados o tal vez más conscientes de la disociación que los demás. Esto es, *sabemos que dentro de nosotros somos muchos*. Hay profesiones que se avienen mejor que otras a este tipo de carácter, como, por ejemplo, ser actor o actriz. O ser espía. Pero para mí no hay nada comparable con ser novelista, porque te permite no sólo vivir otras vidas, sino además inventártelas. «A veces tengo la impresión de que surjo de lo que he escrito como una serpiente surge de su piel», dice Vila-Matas en *El viaje vertical*. La novela es la autorización de la esquizofrenia.

Un día del pasado mes de noviembre iba conduciendo por Madrid con mi coche; era más o menos la hora de comer y recuerdo que me dirigía a un restaurante en donde había quedado con unos amigos. Era uno de esos días típicos del invierno madrileño, fríos e intensamente luminosos, con el aire limpio y escarchado y un cielo esmaltado de laca azul brillante. Circulaba por Modesto Lafuente o alguna de las calles paralelas, vías estrechas y con obligación de ceder el paso en las esquinas, por lo que no puedes ir a más de cuarenta o cincuenta kilómetros por hora. Así, yendo despacio, pasé junto a un edificio antiguo de dos o tres plantas en el que jamás me había fijado. Sobre la puerta, unas letras metálicas decían: CENTRO DE SALUD MENTAL. Debía de pertenecer a algún organismo público, porque encima había un mástil blanco con una bandera española que se agitaba al viento. Circulaba por delante de ese lugar, en fin, cuando de pronto, sin yo pretenderlo ni preverlo, una parte de mí se desgajó y entró en el edificio convertida en un enfermo que venía a internarse. Y en un fulminante e intensísimo instante ese otro yo lo vivió todo: subió, es decir, subí, los dos o tres escalones de la entrada, con los ojos heridos por el resol de la fachada y escuchando el furioso flamear de la bandera, sonoro, ominoso y aturdidor; y pasé al interior, con el corazón aterido porque sabía que era para quedarme, y dentro todo era penumbra repentina, y un silencio algodonoso e irreal, y olor a lejía y naftalina, y un golpe de calor insano en las mejillas. Esa pequeña proyección de mí misma se quedó allí, en el Centro de Salud Mental, a mis espaldas, mientras yo seguía con mi utilitario por la calle camino del almuerzo, pensando en cualquier futilidad, tranquila e impasible tras ese espasmo de visión angustiosa que resbaló sobre mí como una gota de agua. Pero, eso sí, ahora ya sé cómo es internarse en un centro psiquiátrico; *ahora lo he vivido*, y si algún día tengo que describirlo en un libro, sabré hacerlo, porque una parte de mí estuvo allí y quizá aún lo esté. Ser novelista consiste exactamente en esto. No creo que pueda ser capaz de explicarlo mejor.

## 3

Los novelistas, escribanos incontinentes, disparamos y disparamos palabras sin cesar contra la muerte, como arqueros subidos a las almenas de un castillo en ruinas. Pero el tiempo es un dragón de piel impenetrable que todo lo devora. Nadie se acordará de la mayoría de nosotros dentro de un par de siglos: a todos los efectos será como si no hubiéramos existido. El absoluto olvido de quienes nos precedieron es un pesado manto, es la derrota con la que nacemos y hacia la que nos dirigimos. Es nuestro pecado original.

Además de disparar palabras, la especie procrea contra la muerte, y ahí hemos de reconocer que se ha conseguido un relativo éxito. Al menos todavía no nos hemos extinguido como los dinosaurios y nuestros genes se multiplican sobre el planeta con abundancia de plaga. Tal vez la sensación de inmortalidad que sentimos cuando amamos sea una intuición de nuestro triunfo orgánico; o tal vez tan sólo sea un truco genético de la especie, para inducirnos al sexo y por lo tanto a la paternidad (los genes, pobrecitos, aún no saben nada de condones y píldoras). Luego, los humanos, con esa habilidad nuestra para complicarlo todo, convertimos la pulsión elemental de supervivencia en el delirio de la pasión. Y la pasión generalmente no pare hijos, sino monstruos imaginarios. O, lo que es lo mismo, imaginaciones monstruosas.

Soy una persona enamoradiza y he tenido unas cuantas vivencias sentimentales disparatadas, pero recuerdo una especialmente irreal. Todo empezó hace muchos años, cuando yo tenía veintitrés. Franco estaba a punto de morirse y yo era más o menos hippy; y espero que estos dos datos basten para centrar la época. La directora de cine Pilar Miró, muy amiga mía por entonces, salía con un realizador extranjero que estaba rodando una película en Madrid. Un día Pilar telefoneó y me propuso que fuera a cenar con ellos y con M., el protagonista de la película, un actor europeo que acababa de obtener un gran éxito en Hollywood, a raíz del cual se había hecho famosísimo. «Pero es un encanto, muy culto y un hombre muy tímido; y se acaba de divorciar, y está aquí muy solo», explicó Pilar. Era un día de junio de un verano tórrido.

Salimos los cuatro, efectivamente, y es probable que M. fuera inteligente y encantador, pero, como él no hablaba español y yo por entonces tampoco sabía inglés, no puedo decir en puridad que fuera capaz de comprobarlo. Eso sí, tenía unos treinta y dos años, unos ojos verdes demoledores, un cuerpo que se adivinaba prodigioso. Me gustaba, por supuesto, claro que me gustaba, pero la relación estaba entorpecida por nuestros penosos y entrecortados chapurreos en mal francés o pésimo italiano. En aquella época, además, yo le daba demasiada importancia a la palabra; consideraba que la palabra era mi fuerte, mi arma secreta: así como otras seducían agitando melenas rubias o largas piernas, a mí siempre se me daba mejor cuando contaba cosas. Para que un hombre me atrajera de verdad, yo tenía que creer que nos comunicábamos.

Pero era una noche de sábado, una de esas densas noches estivales en las que Madrid parece electrizarse; y yo tenía veintitrés años y eran unos tiempos felices y fáciles, unos tiempos sin sida, promiscuos y carnales. Fuimos a cenar, fuimos a beber, fuimos a bailar; y a las cuatro de la madrugada Pilar y su novio se marcharon y yo llevé a M. a su casa en mi coche, un Citroën Mehari de plástico rojo y de tercera mano. La productora había alquilado a M. un apartamento en la Torre de Madrid, el orgulloso rascacielos del franquismo, un edificio de unas treinta plantas que era por entonces el más alto de la capital, una ciudad aún achaparrada, pétrea y tibetana, como la definía Gil de Biedma. En el fragor de la noche, aparqué el coche enfrente del portal, encima de la acera, junto a otras dos docenas de vehículos que habían tenido la misma idea. Atravesamos un vestíbulo fantasmal e inmenso y subimos en varios ascensores de los que había que entrar y salir en diferentes pisos: la Torre era un laberinto delirante, una extravagancia estilo años cincuenta. Al fin llegamos al apartamento de M. e hicimos el amor. No recuerdo nada ni del apartamento ni del acto sexual: supongo que el primero sería amueblado y anodino, y el segundo tan desamueblado y manifiestamente mejorable como a menudo son los primeros encuentros. Poco después, M. se durmió como una piedra. Y para mi desgracia yo me quedé pensando.

Tumbada en la cama junto a él (de eso sí me acuerdo: de la sabrosa línea de su cuerpo desnudo, cada vez más nítidamente recortado en la penumbra mientras el sol se alzaba al otro lado de las persianas), y sumida en la fragilidad psíquica de las noches, en el frenesí rumiante de los insomnios, empecé a irritarme conmigo misma. Qué hago yo aquí, me dije, en este apartamento extraño, en esta Torre absurda. Por qué me he venido con este tipo, con quien no consigo intercambiar dos frases. Peor aún, por qué demonios se habrá venido él conmigo, si en realidad no podemos entendernos, si en realidad no he podido seducirle con lo mejor de mí, que es lo que digo. No, si lo que sucede es que él se hubiera acostado con cualquiera, le hubiera dado igual una chica u otra, así son los hombres; claro, todo estaba ya previsto, desde que quedamos ya se suponía que íbamos a terminar en la cama, qué cosa más convencional y más estúpida, y él qué se habrá creído, él se debe de pensar que es irresistible porque es famoso y guapo y estrella de Hollywood, habrase visto cretino semejante. Y así, mientras el pobre M. dormitaba como un bendito junto a mí, me fui enconando con unas elucubraciones cada vez más furibundas, hasta que terminé asfixiada de ira justiciera.

Alcanzado este punto de enrabietamiento, decidí que no podía pasar ni un segundo más con semejante monstruo. Me levanté muy despacio, me vestí con un cuidado primoroso para no despertarle, recogí mis cosas y salí de puntillas de la casa con los zapatos en la mano. Recuerdo que tardé un tiempo infinito en cerrar la puerta del apartamento, para que el resbalón no restallara. Después, sintiéndome libre al fin como si me hubiera escapado de un campo de prisioneros, bajé y bajé por el vericueto de ascensores, con la cabeza greñuda, la ropa desarreglada, la boca laminada por los pitillos, los ojos despintados y corridos. Y cuando al fin alcancé la planta baja y salí a la calle, descubrí dos cosas desconcertantes: una, que era completa y cegadoramente de día (en ésas miré el reloj y comprobé que eran las diez y media de la mañana), y dos, que habían desaparecido los demás vehículos y mi coche estaba huérfano y abandonado encima de la acera, en realidad en mitad del parque, porque lo que había enfrente de la Torre era un parque lleno de señoras con carritos de niños paseando en la plácida mañana del domingo, y mi coche ahí trepado, espectacular en su color rojo y su soledad.

Pero no, a decir verdad no estaba solo, porque el Mehari se encontraba rodeado por una nube de policías (los temibles *grises* del franquismo) y, para mi sobrecogida incredulidad, también estaba mi padre, mi serio y estricto padre con quien yo por entonces me pasaba los días discutiendo, mi padre ex torero con su sombrero ancho cordobés, mi vehemente padre que sin duda debía de hallarse en un arrebato de vehemencia, pero qué demonios hacía allí mi padre, y menos mal que estaba de espaldas al portal de la Torre y no me había visto aparecer.

Salí zumbando a toda velocidad, di la vuelta a la esquina de la calle Princesa y me quedé pegada al muro como una mosca, jadeando no por la breve carrera sino por el soponcio, intentando entender qué sucedía, por qué la policía cercaba mi coche, si de verdad me encontraba despierta. Poco a poco la resaca de alcohol y de tabaco, el dolor de cabeza y el mareo provocado por la falta de descanso me convencieron de que no estaba durmiendo. Pocos meses antes, el sucesor de Franco, el almirante Carrero, había volado hecho pedazos por una bomba de ETA hasta el tejado de un edificio, y las fuerzas de seguridad se mantenían en situación de alerta. Mi coche, destartalado y raro, orondamente plantado encima del parque, debió de parecerles sospechoso, y seguramente telefonearon al domicilio en el que estaba registrada la matrícula, que era la casa de mi familia, aunque yo ya no viviera allí. Me horrorizó imaginar la cara de mi padre cuando los guardias le llamaron: entonces sólo pensé en su ira y hoy sólo puedo pensar en su preocupación. Comprendí, en fin, que no podía huir sin más ni más y dejar atrás ese enjambre de *grises*. Intenté respirar hondo para tranquilizarme, y limpiarme el maquillaje corrido en las ojeras con un dedo mojado de saliva, y atusarme los pelos disparados, y aclararme la voz de lobo matutino; y luego salí de detrás del precario refugio de mi esquina y me dirigí con piernas temblorosas hacia el coche.

Mi llegada fue una especie de anticlímax. Mi padre rugió un «¡Pero qué ha pasado, dónde estabas!», y yo balbucí con poca convicción las explicaciones que había improvisado: que la noche anterior había salido a cenar con Pilar Miró y otros amigos, que bebí demasiado y no quise coger el coche, que me había ido a dormir a casa de Pilar. Para mi sorpresa, nadie, ni los guardias ni mi padre, se mostraron demasiado inquisidores; era obvio que ninguno de ellos me creía; probablemente los *grises* incluso me habían visto salir corriendo de la Torre; mi padre estaba consternado, tal vez reconociendo en mí su juventud juerguista (con el agravante de que yo era una mujer y él era machista), y los guardias mostraban un educado apuro ante su consternación. De manera que todo fue inesperadamente fácil; me pidieron el carnet, me dijeron que me llevara el coche, es posible que ni siquiera me multaran. Mi padre se marchó sin añadir palabra, casi sin despedirse, en dirección a los veinticinco años de vida que todavía le quedaban por delante; y a nuestro futuro reencuentro, y al profundo cariño que nos tuvimos, del que por entonces yo aún no era consciente. Cosa extraordinaria: acabo de darme cuenta de que nunca volvimos a mencionar ese incidente y ahora ya es muy tarde para poder hablarlo.

Yo también me fui camino del resto de mi vida, pero por el momento me marché al piso que compartía con mi amiga Sol Fuertes en la Ciudad de los Periodistas. Iba de un humor tenebroso y doblemente encorajinada por el incidente del coche, que consideré como una confirmación de mi estupidez. Algunas horas después telefoneó Pilar para preguntar qué había sucedido; no quise dar explicaciones porque intuí que llamaba de parte de M. y no quería ni volver a hablar de él. «No ha pasado nada», dije; y ella, que era una amiga muy respetuosa, no insistió; tan sólo me dio el número de M. por si quería ponerme en contacto con él y luego colgó y desapareció de esta historia camino de su prematura muerte veintitrés años después. A la semana siguiente llamó el propio M.: yo no estaba en casa y no le devolví la llamada. Varios días después me llegó una carta de él en inglés que, naturalmente, no entendí, y que arrojé con olímpico desdén a la basura. Como aún continuaba enfurecida, pensaba que todas esas atenciones de M. no eran más que la muestra de su orgullo herido; que él, actor mundialmente famoso y bla-bla-bla, no podía soportar la idea de que una niñata cualquiera le hubiera dejado plantado. Y es posible que, en efecto, hubiera algo de esto: porque los humanos somos tan estúpidos que a menudo nos fascinan quienes nos maltratan.

Transcurrieron así unas cuatro semanas hasta que un día tuve que ir al cóctel que daba una productora de cine con no sé qué motivo. Estaba atravesando la abarrotada sala con una copa en la mano cuando de pronto se acercó a mí el actor Fernando Rey. «Perdona, Rosa, permíteme que te presente a un amigo», dijo; y de detrás de él emergió M., ruborizado como un colegial. Fue ese rubor el que me perdió. El buen Fernando se esfumó discretamente, rumbo a la muerte que le esperaba veinte años más tarde; y M. y yo nos quedamos mirando el uno al otro con aturdida intensidad, con las orejas ardiendo, sumidos en un pétreo ataque de timidez fatal. De repente, una horrible revelación cayó sobre mí como la lengua ardiente del Espíritu Santo: Pero si es encantador, pensé. Me he equivocado.

Balbucimos unas cuantas palabras inconexas en varios idiomas mal hablados. Me pareció entenderle: «¿Qué pasó? ¿Recibiste mi carta? ¿Hice algo mal?», pero me sentí incapaz de explicarle lo que había sucedido, sobre todo porque en ese momento ya no me lo explicaba ni yo misma. «Me lié, me angustié, no sé qué me ocurrió, me sentí mal, lo siento», intenté decir; a saber lo que él comprendió de mi farfullar. Presa de una ansiedad creciente, le propuse que nos viéramos otro día. «Me voy justamente mañana a las once de la mañana», dijo:

«Ayer acabamos el rodaje». ¿Y esa misma noche?, aventuré yo, metiendo desesperadamente el pie en el quicio de la puerta que se cerraba. «Nos vamos todo el equipo de la película a cenar fuera de Madrid, a la casa de la sierra del productor, para despedirnos..., pero, si quieres, si terminamos pronto luego puedo llamarte.» Sí quise, claro, y le repetí mi número de teléfono por si lo había perdido, y me fui corriendo a casa a sentarme junto al aparato. Una hora, y dos horas, y tres horas, y cuatro. Y llamó, lo más increíble es que M. llamó. Telefoneó sobre la una de la madrugada para decir que todavía estaba en el campo, en mitad de la cena; y que tenía que tomar el avión por la mañana, y que no íbamos a poder vernos; y yo, recalentada por la espera y por mi propia estupidez, caí en la desmesura de irritarme y de gritarle: «¡Cómo me haces esto!». A lo que él contestó antes de colgar, ya también furioso: «No sé qué puedes querer, después de haber desperdiciado todo un mes». Hoy, muchos años más tarde, tras haber esperado inútilmente tantísimas llamadas que nunca llegaron de hombres a los que yo había tratado con todo mi amor y mi delicadeza, me admira que M. tuviera la decencia de telefonear, a pesar de mi desastroso comportamiento; y sólo por este detalle tiendo a pensar que, en efecto, era o es un buen hombre.

Pero en el momento en que colgué aquel teléfono no pensaba que M. era un buen hombre, sino que era simplemente El Hombre, que es algo muy parecido a una plaga de Egipto, cuando menos en sus efectos devastadores. Fulminantemente enamorada de M. hasta la más recóndita de mis sinapsis neuronales, y hundida en la miseria por mi mala cabeza, que me había hecho perder La

Oportunidad, me abalancé sobre la lata de basura y emprendí una búsqueda frenética de esa carta de M. que había tirado desdeñosamente y sin mirar un par de semanas antes. Tal vez deba explicar aquí que, como antes he dicho, yo era medio hippy; que vivía con una amiga y que no nos dedicábamos a ordenar el piso o sacar la basura muy a menudo, cosa que, por otra parte, tampoco era muy grave, porque en casa apenas si comíamos otra cosa que quesos, manzanas o huevos duros; de manera que la basura era un revoltijo más o menos inerte de folios mecanografiados, envolturas de tabletas de chocolate, diversas capas geológicas de posos de café, un mosaico de cáscaras de huevo fragmentadas, decenas y decenas de apestosas colillas, varios paquetes de cigarrillos vacíos y unas cuantas cortezas de queso en distintas etapas de fosilización. Lo removí todo, en fin, lo escruté todo, pero no pude encontrar ni rastro de la carta: se ve que dos semanas era un plazo demasiado largo incluso para nuestra dejadez y que en el entretanto habíamos tirado los desperdicios. Recuerdo aún la desolación de aquella madrugada; o, más bien, la desesperación. Algo escocía por dentro ferozmente, como si me hubiera echado sal en el corazón.

Si antes me había inventado un M. despreciable, a partir de aquella noche me dediqué a imaginar un M. extraordinario. Repasaba una y otra vez en mi cabeza cada uno de sus gestos y sus palabras y extraía peregrinas teorías de esas nimiedades, elucubraciones sobre su carácter, sobre sus emociones, sobre sus sentimientos hacia mí. La pasión, siempre tan obsesiva, me hizo recorrer todas las salas de cine de Madrid buscando sus películas;

y menos mal que aún no existían los vídeos, o no hubiera salido de casa durante varios meses. Me angustiaba, sobre todo, nuestra falta de comunicación, y el enorme equívoco que había originado. Estaba empeñada en enmendar la pifia y en demostrarle que, pese a todo, yo podía ser digna de ser amada. Pero para eso necesitaba usar mi arma secreta, esto es, necesitaba *hablarle*, de modo que me puse a estudiar inglés de manera intensiva. Así fue como aprendí esta lengua que luego me ha sido tan útil: resulta escalofriante pensar que uno se va construyendo un destino con mentecateces semejantes.

A los tres o cuatro meses, sintiéndome ya mínimamente capaz de expresarme, le escribí una apasionada y supongo que delirante carta en inglés que me llevó tres días. Me costó aún mucho más encontrar su dirección, que al fin arranqué de una productora por medio de mentiras. Le envié el escrito, urgente, certificado y con remite, pero no ocurrió nada. Al mes, agobiada, le llamé: también había conseguido el número de teléfono de su representante. M. no estaba. Le dejé recado. No contestó. Volví a telefonear y me confirmaron que le habían dado el mensaje. Tuve que reconocer que me ignoraba.

Entonces me rendí. Tras haber estado seis meses aplicando sobre M. los focos deslumbrantes de la pasión, apagué los reflectores y decidí olvidarle. Me pasé un par de años buscando en otros hombres, sin querer, su mismo color de ojos, unos labios parecidos, su corte de cara; y durante una larga temporada no pude ver una película suya sin que la boca me supiera a metal. Luego todo empezó a perderse en el horizonte hasta ser engullido por la línea del tiempo. M. se convirtió en un recuerdo tan remoto y poco personal como las ruinas de una pirámide maya. Si ya no me reconocía en la chica de veintitrés años que un día fui, ¿cómo iba a poder reconocerle a él, que siempre fue un extraño?

Mucho después, cuando yo ya tenía cuarenta y tantos, me propusieron que le hiciera una entrevista para *El País*. M. había mantenido una estupenda carrera profesional y acababa de ganar un Oscar como actor secundario. Volé hacia la ciudad en la que reside con una desagradable sensación de inquietud. Yo ya era otra, era una mujer mayor que había conocido la felicidad y el sufrimiento, el éxito y el fracaso, la irreparable muerte de los seres cercanos; era una señora que había vivido con dos hombres y que en la actualidad convivía felizmente con el tercero, era una novelista veterana y una periodista con callos en los oídos de tanto escuchar a los entrevistados. No tenía nada que ver con aquella disparatada muchacha que escapó de la Torre de Madrid, y M., en quien nunca pensaba, no me importaba lo más mínimo. Pero ahí estaba yo con ese ligero y molesto temblor en el estómago, como quien se encuentra en la sala de espera del dentista.

Entré en la suite del hotel en donde se celebraba la entrevista con una coraza de aplomo profesional. Nos dimos la mano cortésmente, nos sentamos en los sillones gemelos tapizados a listas de color grosella, comenzamos la charla. Él, como era de esperar, no me reconoció; yo, como es natural, no dije nada. M. rondaba los sesenta, pero se conservaba bien. Tan bien, de hecho, que sospeché con cierta malignidad alguna intervención de cirugía plástica. Las cosas en la vida, ya se sabe, casi siempre se logran a destiempo; y así, aunque yo ahora dominaba el inglés, ya no estaba interesada en hablarle, sino en escucharle; intenté fomentar su locuacidad, como siempre hago en las entrevistas, y descubrí que, ahora que le entendía, me parecía un hombre introvertido y tímido, razonablemente culto, razonablemente inteligente. Un tipo agradable. El diálogo discurrió con facilidad, sin grandes hallazgos y también sin escollos; pero, a la media hora o así de estar hablando, vi que empezaba a mirarme de una manera un poco rara, con cierta perplejidad, cierta insistencia, ladeando la cabeza como un pavo curioso, como si estuviera arañando en su memoria un vago recuerdo que se le escapara. Hasta que al fin, al terminar la entrevista, cuando corté la grabadora, no pudo evitar hacerme una pregunta directa: «¿Nosotros no nos conocíamos de antes?». Sonreí con incomodidad y creo que incluso enrojecí. «Sí, fue hace muchos años... un verano... en Madrid... cuando usted rodaba la película XXX... cenamos con Pilar Miró y con el director de cine ZZZ...» Vi que M. empezaba también a sonreír mientras iba centrando el recuerdo, mientras se iba acercando a la pequeña luz que acababa de encenderse en el fondo de su cráneo; hasta que, de pronto, se abrió su memoria; y vi que el pasado atravesaba por su cara como la sombra de una nube. El gesto se le crispó y encogió levemente la cabeza entre los hombros, como si quisiera defenderse del amago de un golpe. Y pensé que pensaba: Atiza, la loca. Pero luego, en un vértigo de clarividencia, reflexioné sobre algo en lo que nunca antes había caído, y me pregunté qué memoria guardaría M. de todo aquello; tal vez ahora no estuviera pensando en mí, sino en sí mismo;

en ese mes en el que quizá también él desbarrase, en esa carta suya que yo no leí y que pudo ser tan delirante como la mía. Tal vez se acordara de sí mismo y no se reconociera, de la misma manera que yo no me reconocía en aquella chica de veintitrés años, porque ninguno de aquellos yoes remotos formaba ya parte de nuestra narración actual. Fuera lo que fuese, ahí estaba M., absorto y envarado, con sus ojos verdes extrañamente oscurecidos, mirando hacia dentro, hacia el pasado, y lo que veía no le gustaba nada. Así es que se puso en pie con rígidas dificultades de reumático, carraspeó, tragó saliva y, tras despedirse con apresurada y somera cortesía, se lanzó hacia la puerta. Esta vez fue él quien salió huyendo.

# 4

Ayer me reservé el día entero para escribir. Y cuando digo escribir así, a secas, sin adjetivos, me estoy refiriendo a los textos míos, personales: cuentos, novelas, este libro. Como también soy periodista, escribo muchas otras cosas; en realidad, me paso el día amarrada a la pantalla del ordenador, como galeota encadenada al remo. Pero el periodismo pertenece a mi ser social, al contrario de la narrativa, que es una actividad íntima y esencial. Cuando hago periodismo, por lo tanto, estoy *trabajando*. Nunca hubiera dicho: «Ayer me reservé el día entero para escribir» si hubiera tenido en mente hacer una entrevista o un artículo.

El caso es que ayer pensaba dedicar el día a *La loca de la casa*, y me relamía de sólo imaginar el montón de horas que iba a poder emplear en ello. Me senté al ordenador a eso de las diez de la mañana, sin citas para la hora del almuerzo, sin citas para la hora de la cena, sin tener que hacer ningún recado ni ir a ningún sitio, en lo alto de una jornada larga y limpia, perfecta para dedicarla a la escritura. Encendí la pantalla. Me acomodé bien en la silla. De pronto se me ocurrió que hacía por lo menos un par de meses que no contestaba las cartas recibidas en mi página web, y abrí la carpeta en donde las guardo para echarles un ojo. Eran muchas, muchísimas. Empecé a responderlas. Pasaron las horas. Me detuve apenas veinte minutos para comer algo. Retomé la tarea. Terminé de contestar el correo a eso de las ocho de la noche, reventada, con dolor de cabeza y el cuello agarrotado de tanto teclear. Telefoneé a Carmen García Mallo, una de mis mejores amigas, con el ánimo sombrío y furibundo:

—Hoy quería escribir, tenía todo el día para escribir, y lo he tirado por la borda contestando e-mails.

—¿Por qué?

—No sé. A veces evitas ponerte a trabajar. Es una cosa extraña.

—¿Por pereza?

—No, no.

—¿Por qué?

—Por miedo.

No se lo supe explicar, pero anoche, en la indefensión extrema de la noche, en la claridad alucinada de la noche, mientras daba vueltas en la cama, comprendí exactamente lo que quería decir. Por miedo a todo lo que dejas sin escribir una vez que pasas a la acción. Por miedo a concretar la idea, a encarcelarla, a deteriorarla, a mutilarla. Mientras se mantienen en el rutilante limbo de lo imaginario, mientras son sólo ideas y proyectos, tus libros son absolutamente maravillosos, los mejores libros que jamás nadie ha escrito. Y es luego, cuando vas clavándolos en la realidad palabra a palabra, como Nabokov clavaba a sus pobres mariposas sobre el corcho, cuando los conviertes en cosas inevitablemente muertas, en insectos crucificados, por más que los recubra un triste polvo de oro.

Hay días en los que esa derrota de la realidad te importa menos. De hecho, hay días en los que te sientes tan inspirada, tan repleta de palabras y de imágenes, que escribes con una sensación total de ingravidez, escribes como quien sobrevuela el horizonte, sorprendiéndote a ti misma con lo escrito: ¿pero yo sabía esto? ¿Cómo he sido capaz de redactar este párrafo? A veces sucede que estás escribiendo muy por encima de tu capacidad, estás escribiendo mejor de lo que sabes escribir. Y no quieres moverte del asiento, no quieres respirar ni parpadear ni mucho menos pensar para que no se rompa ese milagro. Escribir, en esos extraños raptos de ligereza, es como bailar con alguien un vals muy complicado y bailarlo perfecto. Giras y giras en brazos de tu pareja, trenzando intrincados y hermosísimos pasos con los pies alados; y resuena la música de las palabras en tus oídos, y el mundo alrededor es un chisporroteo de arañas de cristal y candelabros de plata, de sedas relucientes y zapatos lustrosos, el mundo es una vorágine de brillos y tu baile está rozando la más completa belleza, una vuelta y otra y continúas sin romper el compás, es prodigioso, con lo mucho que temes perder el ritmo, pisar a tu pareja, ser una vez más torpe y humana; pero logras seguir un paso más, y otro y tal vez otro, volando entre los brazos de tu propia escritura.

He dicho que en los momentos de gracia procuras sobre todo no pensar porque, en efecto, el pensamiento racional y la conciencia del yo destrozan la creatividad, que es una fuerza que debe fluir tan libre como el agua y abrir sus propios caminos, sin que en ello intervengan ni el conocimiento ni la voluntad. En su interesante discurso de ingreso en la Academia de la Lengua, la historiadora Carmen Iglesias contó una pequeña fábula que refleja a la perfección ese carácter inconsciente y autónomo que posee el impulso creativo. Una cucaracha mala y envidiosa, irritada porque el ciempiés tenía muchas más patas que ella, le dijo un día al miriápodo con lisonja malévola: «Qué maravillosa gracia posees al caminar, qué increíble coordinación, no sé cómo consigues moverte tan sinuosa y fácilmente con todas esas patas que tienes, ¿me podrías explicar cómo lo haces?». El ciempiés, halagado, se estudió a sí mismo y luego le detalló de buena gana el procedimiento: «Es muy fácil; no hay más que mover hacia delante las cincuenta patas del costado derecho mientras que mueves hacia atrás, sincronizadamente, las cincuenta patas del costado izquierdo, y viceversa». La cucaracha fingió admirarse: «¡Qué formidable! ¿Podrías hacerme una demostración?». Y el ciempiés no fue capaz de moverse nunca más.

El arte está alumbrado por esa misma gracia ciega que hacía caminar al pobre insecto. Es un don al que Rudyard Kipling llama su *daimon*, su demonio, aunque se trata de uno de esos demonios grecorromanos o védicos que son genios tutelares, espíritus intermediarios de los humanos con el más allá; y aconseja a los jóvenes escritores: «Cuando vuestro *daimon* lleve el timón, no tratéis de pensar conscientemente. Id a la deriva, esperad y obedeced». Como es evidente, también Kipling bailaba el vals furiosamente de cuando en cuando.

Y eso es lo que te da miedo, eso es lo que te aterra: ponerte a escribir y no poder encontrarte con tu *daimon*, que esté dormido, que se haya ido de viaje, que esté enfadado contigo, que no tenga ganas de sacarte a bailar. Temes no volverte a mover, como el ciempiés. En ocasiones trabajas durante días y días, durante semanas, quizá durante meses, en la aridez de la escritura como oficio, sin conseguir ni siquiera un pequeño zapateado, sin poder estremecerte ni una sola vez por la presencia intuida de lo hermoso. En esas épocas amargas te tienes que arrastrar jornada tras jornada hasta el ordenador, te llevas a ti misma agarrada por el pescuezo como quien transporta a un gatito fuera de casa; y es en esos momentos cuando sientes que te estás ganando el cielo de la obra terminada, porque desde luego estás atravesando el purgatorio.

Con todo, el miedo mayor no es al propio malestar, ni al agobio de pasarte día tras día sin poder disfrutar de tu trabajo. Lo que de verdad te espanta es el resultado de ese trabajo, esto es, escribir palabras pero palabras malas, textos inferiores a tu propia capacidad. Temes machacar tu idea redactándola de una manera mediocre. Por supuesto que luego puedes y debes reescribirla, y enmendar los fallos más evidentes e incluso tirar partes enteras de una novela y volver a empezar. Pero una vez que has acotado tu idea con palabras la has manchado, la has hecho descender a la tosca realidad, y es muy difícil volver a tener la misma libertad creativa que antes, cuando todo volaba por los aires. Una idea escrita es una idea herida y esclavizada a una cierta forma material; por eso da tanto miedo sentarse a trabajar, porque es algo de algún modo irreversible.

Una de las experiencias más hermosas que jamás he vivido ocurrió en la Costa Oeste de Canadá, cerca de

Victoria. Fue a principios de un mes de septiembre, hará más de diez años. Un par de alemanes, Pablo y yo nos subimos a una pequeña Zodiac con capacidad para seis personas y salimos al Pacífico a otear ballenas. Es una actividad turística que se ha hecho famosa en esas aguas, y al parecer últimamente el mar está tan atiborrado de gente que los cetáceos apenas si se arriman a la costa. Por entonces, sin embargo, estábamos solos. Navegamos durante cierto tiempo hasta colocarnos entre unos islotes; allí el encargado apagó el motor y nos quedamos quietos, mecidos como bebés por un mar manso. Era una mañana tibia y luminosa, los islotes brillaban de verdor en el horizonte y el silencio se posaba sobre nuestros hombros como un velo, magnificado por el lamido del agua contra la Zodiac o el pasajero chillido de una gaviota. Estuvimos así, sin movernos y sin decir palabra, durante más de quince interminables minutos. Y, de pronto, sin ningún aviso, sucedió. Un estampido aterrador agitó el mar a nuestro lado: era un chorro de agua, el chorro de una ballena, poderoso, enorme, espumeante, una tromba que nos empapó y que hizo hervir el Pacífico a nuestro alrededor. Y el ruido, ese sonido increíble, ese bramido primordial, una respiración oceánica, el aliento del mundo. Esa sensación fue la primera: ensordecedora, cegadora; e inmediatamente después emergió la ballena. Era una *humpback*, una corcovada, una de las más grandes; y empezó a salir a la superficie a nuestro mismo lado, apenas a dos metros de la borda, porque los cetáceos son seres curiosos y quieren investigar a los extraños. Y así, primero emergió el morro, que enseguida volvió a meter debajo del agua; y luego fue deslizándose todo lo demás, en una onda inmensa, en un colosal arco de carne sobre la superficie, carne y más carne, brillante y oscura, gomosa y al mismo tiempo pétrea, y en un momento determinado pasó el ojo, un ojo redondo e inteligente que se clavó en nosotros, una mirada intensa desde el abismo; y después de ese ojo conmovedor aún siguió pasando mucha ballena, un musculoso muro erizado de crustáceos y de barbudas algas, y al final, cuando ya estábamos sin aliento ante la enormidad del animal, alzó en todo lo alto la gigantesca cola y la hundió con elegante lentitud en vertical; y en todo este desplazamiento de su tremendo cuerpo no levantó ni la más pequeña ola, no produjo la menor salpicadura, no hizo ningún ruido más allá del suave siseo de su carne monumental acariciando el agua. Cuando desapareció, inmediatamente después de haberse sumergido, fue como si nunca hubiera estado.

El peruano Julio Ramón Ribeyro dice que en ocasiones el escritor tiene la sensación de que se le han perdido sus mejores obras: «Leyendo hace poco a Cervantes pasó por mí un soplo que no tuve tiempo de captar (¿por qué? Alguien me interrumpió, sonó el teléfono, no sé) desgraciadamente, pues recuerdo que me sentí impulsado a comenzar algo... Luego todo se disolvió. Guardamos todos un libro, tal vez un gran libro, pero que en el tumulto de nuestra vida interior rara vez emerge o lo hace tan rápidamente que no tenemos tiempo de arponearlo». Me gusta esta frase porque siempre he pensado que, en efecto, la visión de la obra tiene mucho que ver con la visión entrecortada, hipnotizante y casi aniquilante, por lo hermosa, de aquella ballena del Pacífico. Con la escritura es lo mismo: a menudo intuyes que al otro lado de la punta de tus dedos está el secreto del universo, una catarata de palabras perfectas, la obra esencial que da sentido a todo. Te encuentras en el umbral mismo de la creación, y en tu cabeza se te disparan tramas admirables, novelas inmensas, ballenas grandiosas que sólo te enseñan el relámpago de su lomo mojado, mejor dicho, sólo fragmentos de ese lomo, retazos de esa ballena, pizcas de belleza que te dejan intuir la belleza insoportable del animal entero; pero luego, antes de que hayas tenido tiempo de hacer nada, antes de haber sido capaz de calcular su volumen y su forma, antes de haber podido comprender el sentido de su mirada taladradora, la prodigiosa bestia se sumerge y el mundo queda quieto y sordo y tan vacío.

# 5

Quedamos en que el escritor debería ser como ese niño que grita, al paso del cortejo real, que el rey está desnudo. Pero sucede que a menudo no sólo no se le ocurre decir semejante cosa, sino que ni siquiera es un espectador. A menudo el escritor es un integrante de la comitiva. Allí le veo marchar, marcando el paso de la oca, tripudo de pompa y de boato, aunque en su realidad física sea un mequetrefe. Pero cómo se hincha cuando desfila.

Todos los humanos nos pasamos la vida buscando nuestro particular punto de equilibrio con el poder. No queremos ser esclavos y en general tampoco queremos ser tiranos. Además, el poder no es un individuo, no es una institución, no es una estructura firme y única, sino más bien una tela de araña pegajosa y confusa que ensucia todos los campos de nuestra existencia. Y así, tenemos que encontrar nuestra precisa relación de poder con nuestra pareja, nuestros hijos, nuestro jefe, nuestros compañeros de oficina, nuestros padres, con todos y cada uno de nuestros amigos; con las autoridades, con la sociedad, con el mundo e incluso con Dios, para aquel que crea en su existencia.

Lo que ocurre es que a los escritores se nos suele notar más ese conflicto. En primer lugar, porque la crítica o el análisis honesto de las relaciones de poder forma parte de nuestro oficio, de la misma manera que construir buenos muebles forma parte del oficio de carpintero. Por eso cuando nos traicionamos, cuando nos arrugamos, cuando nos vendemos, somos doblemente notorios en nuestras marranadas. Porque además todos los poderes necesitan heraldos y voceros; todos precisan intelectuales que inventen para ellos una legitimidad histórica y una coartada moral. Ésos, los intelectuales orgánicos, son desde mi punto de vista los peores. Son los mandarines, y ese papel tripudo de gran buda no se ejerce impunemente. Se paga en creatividad y enjundia literaria, como quizá se pueda comprobar en el trayecto de un Cela, por ejemplo. Pero los demás tampoco somos puros. Es más, desconfío de los puros: me aterrorizan. De esa ficticia pureza nacen los linchadores, los inquisidores, los fanáticos. No se puede ser puro siendo humano. De modo que los demás nos las vamos apañando en nuestra relación mudable y resbaladiza con el poder. Vamos buscando nuestro equilibrio, como patinadores sobre un lago congelado y veteado por peligrosas placas de hielo muy fino. Unos patinan muy bien y se las arreglan para no caerse; otros están casi todo el rato metidos en el agua. O sea, hablando claro y dejándonos de metáforas: unos son mucho más dignos y otros incomparablemente más indignos. A veces una misma persona puede manifestar comportamientos diversos: puede ser heroico frente a algunos retos y miserable en otros. El celebérrimo manifiesto de Zola a favor del judío Dreyfus es siempre citado como ejemplo del compromiso social y moral del escritor, y sin duda tuvo que ser valiente Émile para redactar su iracundo *Yo acuso* casi en absoluta soledad contra los bienpensantes. Pero se nos olvida que, tres años antes, ese mismo Zola se negó a firmar el manifiesto de apoyo a Oscar Wilde, condenado a dos años de cárcel en las inhumanas prisiones victorianas sólo por ser homosexual. Pero, claro, es que, por entonces, defender a un sodomita, que era como les llamaban, resultaba aún más difícil que defender a un judío y demostraba una libertad intelectual mucho mayor. Henry James tampoco firmó: sólo André Gide lo hizo. Gide era homosexual y sin duda eso le hizo comprender en toda su brutalidad el drama de Wilde, pero esta circunstancia no hace sino incrementar desde mi punto de vista su heroísmo; apoyar a un gay siendo gay debía de ser por entonces algo muy duro, de la misma manera que apoyar a un judío en tiempos de Hitler siendo judío podía resultar muy peligroso.

En realidad, lo que perdió al bueno de Zola en este caso fue el prejuicio. Y es que nuestros prejuicios nos encierran, nos achican la cabeza, nos idiotizan; y cuando estos prejuicios coinciden, como suele suceder, con la convención mayoritaria, nos convierten en cómplices del abuso y la injusticia, como en el caso de Wilde. Para mí el famoso compromiso del escritor no consiste en poner sus obras a favor de una causa (el utilitarismo panfletario es la máxima traición del oficio; la literatura es un camino de conocimiento que uno debe emprender cargado de preguntas, no de respuestas), sino en mantenerse siempre alerta contra el tópico general, contra el prejuicio propio, contra todas esas ideas heredadas y no contrastadas que se nos meten insidiosamente en la cabeza, venenosas como el cianuro, inertes como el plomo, malas ideas malas que inducen a la pereza intelectual. Para mí, escribir es una manera de pensar; y ha de ser un pensamiento lo más limpio, lo más libre, lo más riguroso posible.

Por eso me gusta más Voltaire que Zola, por ejemplo. También Voltaire tuvo su *caso Dreyfus*. Sucedió casi un siglo y medio antes, en 1762, cuando se suicidó el hijo de un comerciante protestante de Toulouse llamado Jean Calas. La sociedad francesa de la época, agresivamente católica, decidió que el comerciante había asesinado a su propio hijo porque éste deseaba convertirse al catolicismo; la ley dio por bueno este delirio sin disponer de pruebas, y Jean Calas fue condenado a la pena capital y ejecutado con el suplicio de la rueda, es decir, fue torturado hasta la muerte. Pocos meses después, Voltaire publicó su *Tratado sobre la tolerancia en torno a la muerte de Jean Calas*, en donde acusaba de la tropelía a los jesuitas; con ello no consiguió devolver a la vida al pobre Calas, pero sí logró la revisión del proceso y la rehabilitación de la familia; y además hizo a la sociedad francesa más consciente de los excesos del fanatismo y de las manipulaciones de los poderosos. No debió de serle fácil enfrentarse a todos para defender a una pobre familia de apestados. Ir en contra de la corriente general es algo sumamente incómodo. Puede que la mayoría de las miserias morales e intelectuales se cometan por eso: por no contradecir las ideas de tus patronos, de tus vecinos, de tus amigos. Un pensamiento independiente es un lugar solitario y ventoso.

Y luego están, claro, las pequeñas prebendas, las ambiciones lícitas e ilícitas, el esnobismo, el miedo, la vanidad... Uno puede vender su alma al poder por tantas cosas. Y lo que es peor: por tan poco precio. Por ejemplo, qué quieren que les diga, no me parece nada apropiado que un escritor de la talla de García Márquez se deje regalar una casa por Fidel Castro, una estupenda mansión en Siboney, la zona de los antiguos ricos de La Habana. De entrada, no creo que los escritores deban dejarse obsequiar opulentos chalets por los Jefes de Estado; que en este caso el Jefe de Estado sea un dictador y el país misérrimo añade más inconveniencias al asunto.

Uno de los relatos más conmovedores y delirantes de esta venta al por menor de los menudillos del alma es la historia de Goethe, del gran Wolfgang Goethe, que él mismo revela, sin darse mucha cuenta de lo que está diciendo, en su autobiografía *Poesía y verdad*. Ya se sabe que Goethe nació en Francfort en 1749; que en 1774, con veinticinco años, publicó *Las desventuras del joven Werther*, un libro que le hizo famoso; y que un año más tarde fue *invitado* por los archiduques de Weimar para que residiera en su minúscula corte como intelectual a su servicio. Goethe ya no abandonó esa corte de opereta hasta su muerte, ocurrida en 1832 a los ochenta y tres años. Trabajó como un bellaco durante todo ese tiempo en las labores oficiales, como consejero, como ministro de Hacienda, como correveidile del archiduque, inspeccionando minas, supervisando planes de irrigación o incluso organizando los uniformes del pequeño Estado. Nunca se jubiló; siendo octogenario seguía como empleado. Cuando murió ostentaba el cargo de Supervisor de los Institutos de Arte y Ciencia.

Durante todos esos años, Goethe continuó escribiendo y publicando grandes obras, pero no cabe duda de que su frenética actividad cortesana, y el espíritu de pleitesía que conllevaba, tuvieron que restarle tiempo y potencia a su labor literaria. Ortega y Gasset y otros buenos pensadores consideran que Goethe se perdió al irse a Weimar; que hirió su enorme don, que lo malgastó, que no lo respetó como hubiera debido. El mismo Wolfgang se quejaba algunas veces en sus cartas personales y sus textos biográficos: «No tengo otra cosa que decirte de mí sino que me sacrifico a mi profesión», escribió en una ocasión, y la profesión, naturalmente, era su trabajo oficial; y en otro momento dijo que, a partir de su llegada a la corte, «dejé de pertenecerme a mí mismo».

Explica Goethe en *Poesía y verdad* que aceptó la oferta de Weimar porque quería alejarse de un amor frustrado (un compromiso roto con la bella Lilí), y porque le asfixiaba el ambiente provinciano de Francfort y aspiraba a algo más cosmopolita y refinado; pero leyendo su autobiografía te das cuenta de que además Goethe, un burguesito hijo de un jurista retirado, era bastante esnob, lo que hoy llamaríamos un niño pijo, preocupadísimo por sus ropas, su aspecto, su lugar social y su buen nombre. Se pirraba por codearse con la aristocracia y le embelesaba la nobleza. Y es que hasta los grandes hombres (y las grandes mujeres) tienen sus agujeros de estupidez y de miseria.

Se vendió barato, de todas formas, porque Weimar era una corte de chichinabo; pero desde luego consiguió aquellas astillas de poder que pretendía. Le concedieron un título nobiliario y los retratos de madurez de Goethe le representan con toda la solemne parafernalia de las cintas de seda, las bandas, la púrpura, las aparatosas condecoraciones. Un mandarín completo. Y, por añadidura, cuando el septuagenario Goethe se enamoró como un perro de Ulrike, una muchacha de dieciséis años, y la pidió en matrimonio, el archiduque, para ayudar a su consejero, prometió a la chica que, si se casaba con Wolfgang, le otorgaría una elevada renta vitalicia al enviudar. Y esto también es poder. Es más, este tipo de intervenciones en la esfera de lo privado son la prueba más manifiesta de cómo estar a bien o no con el poder nos puede facilitar o dificultar la vida. En este caso, de todas formas, no funcionó: Ulrike no se dejó comprar. Es decir, hizo lo contrario de lo que había hecho Goethe en su juventud.

La historia de la venta de su alma (no debe de ser casual que este hombre sea el autor del formidable *Fausto*) viene relatada con todo su ridículo detalle al final de *Poesía y verdad*. Un día pasaron por Francfort los archiduques de Weimar e invitaron a Goethe a que se les uniera en la corte. Todo esto lo cuenta el escritor con grandes floreos de adjetivos; los duques son corteses, amables, benevolentes, y el joven Wolfgang (veintiséis años) manifiesta hacia ellos un «vehemente agradecimiento». La cosa se haría de la manera siguiente: un caballero de la corte, que se había quedado rezagado en Karlsruhe a la espera de que le trajeran un landó construido en Estrasburgo, iba a llegar a Francfort pocos días más tarde. Goethe debía preparar sus cosas y partir con el caballero y el landó hacia Weimar.

A Wolfgang el arreglo le pareció de perlas y se apresuró a hacer el equipaje «sin olvidar mis textos inéditos» y a despedirse de sus conocidos; y me imagino el orgullo con el que el joven pedante debió de comunicar a todo el mundo que tal día vendrían a buscarle de parte de los archiduques para llevarle a la corte. Pero hete aquí que el día llegó, sin que aparecieran ni el caballero ni el landó; y Goethe, más corrido que una mona, decidió encerrarse en casa de sus padres y permanecer ahí escondido y sin asomarse a las ventanas, para que la gente creyera que se había marchado. Él lo cuenta con un gracioso eufemismo, diciendo que lo hizo «para no tener que despedirme por segunda vez, y, en general, para no ser abrumado por afluencias y visitas»; y tiene el desparpajo de añadir que, como la soledad y la estrechez siempre le habían sido muy favorables, aprovechó el encierro a cal y canto en su habitación para escribir, intentando ofrecer una imagen señorial de sí mismo, un artista tranquilo que utiliza el retraso de un caballero para seguir adelante con su obra.

Pero la realidad debía de ser muy otra. Para disimular el apuro que sentía, Goethe le endilga su propia angustia a su pobre padre, de quien dice que, a medida que pasaban los días sin que llegara nadie, se iba intranquilizando más y más, hasta el punto de creer «que todo era una mera invención, que lo del landó nuevo no existía, que lo del caballero rezagado era una mera quimera», y que se trataba de «una simple travesura cortesana que se habían permitido hacerme como consecuencia de mis tropelías, con la intención de ofenderme y de avergonzarme en el momento en que constatara que, en lugar de aquel esperado honor, recibía un bochornoso plantón». Este martirizante reconcomio, que era sin duda la sospecha que atenazaba a Goethe, revela muchas cosas sobre sus relaciones con el poder. El gran Wolfgang era un pobre pelota, un infeliz que ya desde el primer momento empezó a dejarse las pielecillas de su dignidad en su ardua subida por la escala social. Los humanos somos unas criaturas tan paradójicas que al lado del talento más sublime puede coexistir la debilidad más necia y más vulgar.

«Así transcurrieron ocho días y no sé cuántos más, y aquel completo encierro se me fue haciendo cada vez más difícil.» Desesperado y nerviosísimo, el topo Goethe empezó a salir en lo más oscuro de la noche, embozado en una espesa capa, para evitar poder ser reconocido; y así disfrazado daba vueltas de madrugada por la ciudad, como un preso que estira las piernas en el patio de la cárcel. Pasaron aún más días, y para entonces el joven Wolfgang estaba ya tan «torturado por la inquietud» que ni siquiera era capaz de escribir. Profundamente humillado e incapaz de enfrentarse a sus vecinos y amigos tras haber cometido la suprema mentecatez de esconderse, Goethe y su padre decidieron que tenía que marcharse de todos modos; y el comprensivo progenitor prometió costearle una estancia en Italia si partía de inmediato. Cosa que Goethe hizo, de tapadillo, arrastrando sus bártulos camino de Heidelberg. Y en Heidelberg le alcanzó, precisamente, la añorada carta llena de sellos. De la pura emoción, Goethe se quedó un buen rato sin abrir la misiva. Era del caballero, informándole de que se había retrasado porque no le habían traído el landó a tiempo, pero que por fin había ido a buscarle. Y le rogaba que volviera enseguida a Francfort para que pudieran partir y no le causara el embarazo de tener que llegar sin él a Weimar.

«De pronto fue como si una venda cayera de mis ojos», dice el exultante Goethe: «Toda la bondad, benevolencia y confianza que me habían precedido volvieron a aparecer vivamente ante mí y estuve a punto de avergonzarme de mi escapada». Los archiduques eran magnánimos, la gloria cortesana plenamente alcanzable, la vida un elegante minué henchido de promesas honoríficas. Y, en efecto, Wolfgang regresó con sus maletas a Francfort, meneando el rabo como un perro agradecido; y partió inmediatamente y para siempre a Weimar. Y ahí, justamente ahí, termina su autobiografía, un grueso volumen que en mi edición (Alba Editorial) tiene 835 páginas, un texto que Goethe escribió durante veinte años, los últimos veinte años de su vida. Siendo octogenario, Wolfgang puso ahí el punto final del recuento de sus memorias, como si su existencia se hubiera acabado al salir hacia la corte del archiduque. Es imposible que se trate de un remate casual; por debajo de los entorchados, de las condecoraciones y las sedas, Goethe lo sabía. Todos nos damos cuenta de cuándo nos vendemos.

# 6

A veces me pregunto qué habrá sido de aquellas personas reales que fueron el origen de un personaje literario. Por ejemplo, ¿qué sucedería con la gigantona y el jorobadito de Carson McCullers? ¿Qué fue de sus vidas después de que salieron de aquel bar de Brooklyn? ¿Siguieron juntos? ¿Quizá se enamoraron? ¿Tuvieron unos hijos enormes y algo gibosos? ¿Y cómo le habrá ido a mi rubia tremenda de los ojos verdes, la que despachaba copas e interpretaba canciones en aquel tugurio sevillano? La gigantona y el jorobadito seguro que están muertos: ha transcurrido demasiado tiempo. Pero mi rubia debe de estar rondando los sesenta. Me pregunto si el haber extraído de ellos una de sus existencias imaginarias les terminó afectando de algún modo; y no hablo de que se reconozcan en los libros, sino de una especie de efecto colateral. A lo peor el chispazo vital que encendió al personaje supone alguna pérdida de su sustancia íntima. Solamente una vez he introducido una criatura real en una de mis obras de una manera literal, usando incluso su propio nombre; se trató de mi perro *Bicho*, que hizo una aparición estelar en *El nido de los sueños*, una novela corta para niños. Al mes de publicarse el libro, *Bicho* murió insospechada y prematuramente de un infarto, como si no pudieran coexistir en el tiempo y en el espacio ambas versiones del mismo animal.

No creo en la magia, no soy supersticiosa y no pretendo decir que una puede utilizar la escritura de una novela para hacerle vudú a un enemigo. Pero sí creo en el misterio, esto es, creo que la vida es un misterio descomunal del que apenas si rascamos la cascarilla, pese a nuestras ínfulas de grandes cerebros. En realidad no sabemos casi nada; y la pequeña luz de nuestros conocimientos está rodeada (o más bien sitiada, como diría Conrad) por un tumulto de agitadas tinieblas. También creo, y sigo con Conrad, en la línea de sombra que separa la luz de la oscuridad; en márgenes confusos y fronteras inciertas. En cosas inexplicables que nos parecen mágicas sólo porque somos unos ignorantes. La novela se mueve en una zona turbia y resbaladiza; en torno a una novela siempre suceden las cosas más extrañas. Como, por ejemplo, las coincidencias.

Aunque cada autor tiene su ritmo, la redacción de una novela es un proceso muy lento; yo suelo tardar tres o cuatro años. De ese tiempo, la mitad lo empleo en desarrollar la historia dentro de mi cabeza, tomando notas a mano en una infinidad de cuadernillos. Cuando ya creo tener la novela entera, y conozco hasta el número de capítulos y de qué va a tratar cada uno de ellos, llega el momento de sentarse frente al ordenador y comenzar la escritura en sí. Y en el trayecto de esa segunda etapa la historia vuelve a cambiar de modo considerable. Las novelas evolucionan constantemente. Son organismos vivos.

Durante el largo periodo de ejecución vives a medias entre tu existencia real y la imaginaria, entre tu cotidianeidad y la novela; pero, a medida que avanzas en el trabajo, la esfera de lo narrativo se va apropiando de un mayor espacio. Hasta que llega un día, cuando la novela ya está muy adelantada, en el que las paredes que separan ambos mundos parecen empezar a fundirse. Yo lo llamo *la etapa del embudo*, porque es como si colocaras un embudo encima de la novela, de manera que todo lo que ocurre en tu vida cotidiana empieza a caer sobre lo que escribes en una explosión de coincidencias. Aunque, bien mirado, puede que suceda justo lo contrario; en realidad, el fenómeno se parece más a una inundación: la novela crece y crece hasta anegar el territorio de lo real.

Por ejemplo: estaba escribiendo *El corazón del tártaro*, cuyo título se refiere al infierno grecorromano, al centro del Hades, allí donde brilla oscura la laguna Estigia y ladra desesperado el Can Cerbero; había alcanzado ya la recta final de la novela, los últimos e intensos meses del embudo, y un día fui al dentista y, en la sala de espera, hojeé aburridamente una de esas horrorosas revistas médicas llenas de publicidad de los laboratorios farmacéuticos. Pues bien, en mitad del ejemplar, destacando entre los anuncios de remedios contra las hemorroides, me topé, *precisamente*, con un reportaje a doble página sobre el Tártaro, lleno de citas de los autores clásicos.

Este tipo de cosas suceden todo el rato. Si tu personaje tiene una cicatriz en la cara, de repente no haces más que encontrarte hombres con las mejillas tajadas; si estás escribiendo sobre un alpinista, en el cumpleaños de una amiga conoces a un señor que acaba de coronar el

Annapurna. Desborda de tal manera la novela sus límites de papel, o se empeña tanto la realidad en copiar a la fantasía, que no me parecería nada raro ponerme a redactar una escena sobre una estampida en la jungla, y levantar la cabeza del teclado y ver pasar por delante de la ventana un elefante al trote.

Este frenesí de coincidencias no es el único misterio que rodea la escritura. Hay muchos enigmas más de este tenor, pero una de las peculiaridades más curiosas es la dictadura de los fantasmas. Los fantasmas de un escritor son aquellos personajes o detalles o situaciones que persiguen al autor, como perros de presa, a lo largo de todos sus libros. Son imágenes que para el novelista tienen un profundo contenido simbólico, un significado que normalmente no entiende, porque los fantasmas son arteros, además de obcecados, y se ocultan con tan buena maña entre los pliegues del subconsciente que el escritor a menudo ni siquiera es capaz de saber que los tiene; y así, puede suceder, por ejemplo, que un autor suela meter en sus libros personajes cojos, pero que no se haya dado cuenta de que lo hace. En su celebérrimo párrafo de *García Márquez, historia de un deicidio* sobre el origen de la narrativa, el gran Vargas Llosa dice que la voluntad de crear nace de la insatisfacción frente a la vida: «Este hombre, esta mujer en un momento dado se encontraron incapacitados para admitir la vida tal y como la entendían en su tiempo, su sociedad, su clase o su familia, y se descubrieron en discrepancia con el mundo». A las causas o razones que enajenan al escritor de su entorno les llama «los demonios del novelista». Y añade esta frase estupenda: «El proceso de creación narrativa es la transformación del demonio en tema». Los fantasmas forman parte de esos demonios; son los diablillos más subterráneos, los más enmascarados, los más revoltosos. Los fantasmas son como parásitos de la imaginación.

Siempre he sentido una debilidad especial por los enanos. Por los deformes de cabeza achatada; y por los perfectos liliputienses mínimos. Me siento identificada con ellos de una manera extraña; me conmueven, me gustan, les aprecio. Colecciono frases sobre enanos, como la famosa de Augusto Monterroso: «Los enanos tienen una especie de sexto sentido que les permite reconocerse a simple vista»; y fotos de enanos, como el emocionante retrato de Lucía Zárate, una liliputiense del siglo XIX que era exhibida por los circos, y cuyo rostro herido por la pena fue otra de las semillas de *Bella y oscura*. También recopilo anécdotas de enanos, como esta historia supuestamente cierta que me contó el genial periodista mexicano Pedro Miguel: un tipo se separó y cedió el domicilio familiar a su ex mujer. Necesitaba un lugar donde meterse y, por economía, se marchó a un pueblo próximo a la ciudad y alquiló una casa. Era una construcción de una planta que había pertenecido antes a un enano y, en el interior, todo conservaba las dimensiones mínimas: techos bajos, dinteles rompefrentes, lavabos a la altura de las rodillas. Y el hombre decía: «Encima que estoy recién separado y tan deprimido, tengo que andar agachadito...».

Hará unos diez años, después de escribir *Bella y oscura*, descubrí que mis textos estaban llenos de enanos. No pude por menos que advertirlo porque la protagonista de esa novela es una liliputiense llamada Airelai, uno de los personajes que más quiero de todos cuantos he imaginado. Asombrada de no haber notado antes esa asiduidad de los pequeños, me puse a reflexionar sobre el porqué de esa manía. Mi laboriosa razón propuso varias explicaciones razonables, como, por ejemplo, el hecho de que el enano es un ser crepuscular y fronterizo a medio camino entre la niñez y la adultez, una indeterminación temporal que, por lo visto, simboliza mucho para mí. Con estas y otras juiciosas consideraciones archivé el asunto, en el convencimiento de que, una vez descubierto el fantasma, y tras haberlo instalado en el nivel consciente, ya no volvería a imaginar ningún enano más, porque ya hemos dicho que la creación necesita salir de lo más hondo, fluir sin razón y sin trabas desde lo informe. «La escritura viene de la trastienda del artista», dice Martin Amis.

Pasaron lentamente cuatro años y durante todo ese tiempo estuve ideando y construyendo la siguiente novela, *La hija del caníbal*. Terminé al fin la obra, entregué el original, corregí galeradas, presenté el libro y empecé con la promoción, y a los dos o tres meses de la publicación un buen día, para mi total pasmo, me di cuenta de que lo había vuelto a hacer. De que había vuelto a meter un enano. Lucía, la protagonista de la novela, es una mentirosa compulsiva. Empieza el libro describiéndose a sí misma como una mujer guapa y alta con los ojos grises; pero un par de capítulos más adelante dice que ha mentido, que no es una belleza, sino del montón; que no tiene los ojos grises, sino amarronados y de lo más comunes; y que no es exactamente alta, sino más bien baja; bueno, *muy* bajita. Tan extremadamente baja, en realidad, que tiene que vestirse en el departamento de niños de los grandes almacenes. Me había pasado cuatro años construyendo ese personaje sin advertir que, una vez más, los enanos se habían encaramado al papel protagonista. Esto puede dar una idea de la impetuosidad de los fantasmas, de su carácter tiránico e indomable. Hacen lo que quieren. Te mangonean.

En mi siguiente y por ahora última novela, *El corazón del tártaro*, y amedrentada por el empeño liliputiense, decidí mencionar un enano conscientemente, para ver si de ese modo conjuraba su aparición subrepticia. Y así, al final de la novela cité a Perry, uno de los asesinos reales de *A sangre fría*, el maravilloso libro de Truman Capote. Perry, que había sufrido un accidente en su adolescencia, tenía las piernas muy cortitas: cuando se sentaba, le colgaban en el aire sin rozar el suelo. Era una especie de enano, en realidad un sucedáneo traumático de la enanez.

Y de nuevo estuve largos años escribiendo el libro, de nuevo corregí galeradas, de nuevo pasé por la barahúnda de publicarlo. Llevaba un mes de promoción cuando acudí a un programa de radio. «Ya he encontrado tu enano en este libro», me espetó la periodista Consuelo Berlanga, con la que había hablado sobre el tema de los fantasmas en la novela anterior. «Sí, claro», contesté; «he mencionado a Perry de manera consciente y a propósito». Y entonces la lúcida Consuelo me dejó turulata: «¿De qué Perry me hablas? Tu enana es Martillo». Y tenía razón; Martillo es un personaje secundario, una adolescente suburbial diminuta y enteca que parece una niña, pero que no lo es; que vive en la ilegalidad como si fuera adulta, pero que aún no ha crecido. Es una enana perfecta y yo tampoco había sido consciente de su naturaleza.

En otoño de 2000, acudí a la ciudad alemana de Colonia para participar en un festival literario. Una noche estaba en mi habitación estrecha y limpia (todos los hoteles económicos de Alemania tienen unas habitaciones tan estrechas y tan limpias como celdas de monje), tumbada vestida sobre la cama y haciendo aburridamente zapping en la televisión, porque no comprendo palabra de alemán y todos los canales eran germanos, cuando me sucedió algo extraordinario. En la segunda cadena estaban poniendo un documental; era un buen documental, eso resultaba evidente por la impecable factura de su imagen. Trataba, o eso me pareció entender, de los circos en Alemania durante los años treinta, bajo el nazismo. Maravillosas filmaciones en blanco y negro y abundante material fotográfico mostraban el ambiente circense, con mujeres barbudas, gigantes cabezones, enanos vestidos de payasos; seres muy alejados del terrible ideal físico de la raza aria y por consiguiente todos ellos, presumiblemente, carne de matadero para Hitler.

Y de pronto la vi.

Me vi.

Era una liliputiense perfecta, rubia, muy coqueta, una indudable estrella del espectáculo, porque hablaban mucho de ella y porque aparecía en infinidad de fotos y de películas, con su melena lisa y atildada, su corona o diadema en la cabeza, sus pulcros trajecitos de ecuyere circense, el cuerpo de satén bien ajustado, la faldita corta y atiesada a los lados, como un tutú de bailarina. Tenía un tipo muy bien proporcionado, fino, como de niña, y una cara de rasgos regulares. Hubiera podido pasar por una cría de no ser porque tenía algo definitivamente dislocado en el semblante, la edad sin edad del liliputiense, esa inquietante expresión de vieja en el rostro pueril, la sonrisa siempre demasiado tensa, los ojos desencajados bajo sus cejas negras de falsa rubia. Tenía un aspecto muy triste con su disfraz de fiesta. Daba un poco de angustia. Daba un poco de miedo.

Y esa enana era yo. El reconocimiento fue instantáneo, un rayo de luz que me quemó los ojos. Tengo una foto de mis cuatro o cinco años en la que soy exactamente igual que la liliputiense alemana. Fue una breve época en la que a mi madre (a quien quiero muchísimo, pese a ello) le dio por aclararme el pelo y dejarme rubia; de manera que yo llevaba la misma melena que la enana, también atirantada hacia atrás o con diadema, y con las mismas pupilas negras y cejas retintas. Asimismo vestía trajecitos cortos de cancán y vuelos, semejantes en todo a los de ella. Pero lo más espectacular es la expresión, esa sonrisa forzada algo siniestra, esa cara de vieja agazapada tras el rostro infantil, esos ojos sombríos. No soy yo, soy ella.

Siempre me espantó esa foto mía. «¡Pero si estás muy mona!», dice mi madre (y por eso la quiero tanto, entre otras razones: por ese ciego amor inquebrantable). Pero yo no entendía a la extraña cría del retrato, no la reconocía, no la podía asumir. Supongo que en la negrura de mi mirada asomaba ya, sin que nadie lo supiera, la enfermedad: padecí tuberculosis de los cinco a los nueve años. Pero no era eso lo que me angustiaba de la instantánea, era algo más, algo indefinible, como el vago eco de un dolor que sabes que has sufrido y que no consigues recordar. Sin embargo, ahora que sé que es una enana, me he reconciliado totalmente con la niña de la foto. Incluso la he puesto, enmarcada, encima de mi mesa de despacho, aquí delante. He intentado localizar el documental infructuosamente: quería sacar una instantánea de ella, de la otra, para ponerla junto a la mía; y hacerme traducir el programa, por si dicen qué fue de esa conmovedora liliputiense en el infierno nazi; si acabó en la cámara de gas como tantas otras criaturas «no perfectas», o si la utilizaron para sus espantosos experimentos médicos, una posibilidad aún más aterradora que por desgracia entra de lleno en lo posible. Quién sabe qué tragedia ha vivido, hemos vivido. Después de todo, resulta que la frase de Monterroso posee un significado literal: «Los enanos tienen una especie de sexto sentido que les permite reconocerse a simple vista». Es verdad. Tiene razón. A mí me sucedió justamente eso en un hotel de Colonia.

## 7

¿Por qué se pierde un escritor? ¿Qué sucede para que un novelista maravilloso se hunda para siempre en el silencio como quien se hunde en un pantano? O algo aún peor, más inquietante: ¿a qué se debe el hecho de que un buen narrador comience de repente a redactar obras espantosas?

Muchos, sin duda, se rompen el espinazo con el fracaso. El oficio literario es de lo más paradójico: es verdad que escribes en primer lugar para ti mismo, para el lector que llevas dentro, o porque no lo puedes remediar, porque eres incapaz de soportar la vida sin entretenerla con fantasías; pero, al mismo tiempo, necesitas de manera indispensable que te lean; y no un solo lector, por muy exquisito e inteligente que éste sea, por mucho que confíes en su criterio, sino más personas, muchas más, a decir verdad muchísimas más, una nutrida horda, porque nuestra hambruna de lectores es una avidez profunda que nunca se sacia, una exigencia sin límites que roza la locura y que siempre me ha parecido de lo más curiosa. A saber de dónde saldrá esa necesidad absoluta que nos convierte a todos los escritores en eternos indigentes de la mirada ajena.

Salga de donde salga, en fin, lo cierto es que necesitamos cierto reconocimiento público; y no sólo para seguir escribiendo, sino incluso para seguir *siendo*. Quiero decir que un escritor fracasado suele convertirse en un monstruo, en un loco, en un enfermo. En un ser infinitamente desgraciado, en cualquier caso. Como le sucedió, por ejemplo, a Herman Melville, el autor de la maravillosa *Moby Dick*, una novela que hoy, siglo y medio después de su publicación, se sigue editando y reverenciando, pero que en su momento no gustó absolutamente a nadie, ni siquiera a los amigos más fieles de Melville, que consideraron que era un libro de lo más estrafalario con todas esas meticulosas descripciones de las costumbres de las ballenas espermáticas. *Moby Dick* no vendió ni dos docenas de copias y causó una rechifla general; Melville nunca se recuperó de ese fracaso y, aunque vivió casi cuarenta años más, apenas si volvió a escribir: sólo un novelón ilegible, unos cuantos poemas y algunos textos breves, como su genial novela corta *Bartleby el escribiente*, que demuestra que su talento seguía intacto pese al destierro de silencio en el que vivía. Y pese a su desesperación creciente, a su frustración, a la ferocidad con que arrastraba su pena de escritor incomprendido. Porque Melville se hizo la vida imposible a sí mismo y a cuantos tuvo cerca. Cuando, a los cuarenta y siete años, se vio obligado a aceptar un miserable empleo de inspector de aduanas, tan tedioso como mal pagado, para poder mantener a la familia, la obviedad de su fracaso como novelista debió de estallarle como un obús dentro de la cabeza. Se volvió medio loco, le consumía la ira, actuaba con enorme violencia, probablemente incluso pegaba a sus hijos y a su mujer, la cual estuvo pensando seriamente en separarse de él: y estamos hablando de 1867, una época en la que los matrimonios simplemente *no se separaban*, lo cual puede darnos una idea de la dimensión del infierno en el que vivían. De hecho, fue también en 1867 cuando el hijo mayor de Herman se encerró en su cuarto y se reventó la cabeza de un disparo. Se llamaba Malcolm y tenía dieciocho años: tal vez se suicidara para huir del irrespirable ambiente doméstico. Éstos son los horrores que pueden llegar a suceder cuando un escritor se frustra y se derrota. Lo cual me hace pensar que a lo peor somos unos locos furiosos más o menos disimulados y que no acabamos de manifestar nuestra locura en tanto en cuanto la sociedad nos siga llevando la corriente.

Otros autores fracasados, probablemente la mayoría, dirigen la violencia de su dolor contra sí mismos y se desbaratan por completo. Estoy pensando en el pobre Robert Walser, un escritor suizo cinco años mayor que Kafka, autor de novelas tan interesantes como *Los hermanos Tanner*. Hoy es un personaje de culto, un nombre importante, aunque no popular, en la literatura contemporánea en alemán; pero lo cierto es que, mientras estuvo vivo (nació en 1878, murió en 1956), nadie le hizo el menor caso. Su tragedia, horrorosa y ridícula a la vez, aparece muy bien contada en el libro *El autor y su editor*, de Siegfried Unseld, que fue el último editor de Walser en Alemania y que conoció al escritor en sus años finales.

Robert Walser vivió en Zúrich desde 1896 hasta 1906; durante esa década cambió siete veces de empleo y diecisiete de casa. El veinteañero Robert era oficinista;

trabajó en bancos y en compañías de seguros, pero lo que quería, lo que siempre quiso desde que a los catorce redactó su primera obrita, era ser escritor. En 1902 empezó a publicar pequeñas cosas en revistas y a llevar sus textos a los editores, que se los rechazaron. Por entonces, aún henchido de esperanzas, escribía: «La intranquilidad y la incertidumbre, así como la intuición de un destino singular, quizá me han impulsado a tomar la pluma para intentar reflejarme a mí mismo». Qué interesante párrafo, y qué bien describe esa pulsión idiota que nos lleva a todos a la escritura. Primero, la intranquilidad y la incertidumbre, es decir, esa falta de acuerdo con el entorno, esa incomodidad, esa inadaptación a la que también se refería Vargas Llosa; luego viene «la intuición de un destino singular», frase conmovedoramente vanidosa (de la vanidad del escritor hablaremos más tarde) y patética en su desconocimiento de lo humano, porque todas las personas, literatos o no, percibimos esa ansia de la singularidad de nuestro destino, el grito del yo que se siente único; y, por último, el intento de reflejarse a sí mismo, porque, efectivamente, uno escribe para expresarse, pero también para mirarse en un espejo y poder reconocerse y entenderse.

Por fin, en 1905, el joven Walser consiguió que le publicaran su primer libro e incluso que le firmaran un contrato para el segundo. Este logro, que debió de ser uno de los momentos más felices de su vida, supuso, sin embargo, su perdición. Walser, entusiasmado, dejó su trabajo como oficinista en cuanto firmó el contrato, decidido a dedicarse profesionalmente a la escritura aun antes de que saliera a la calle su primera obra y sin tener en cuenta el éxito que podía tener. O más bien que no tuvo, porque fue un completo fracaso. Le hicieron dos buenísimas críticas, una de ellas firmada por Herman Hesse, pero el libro, del que se habían tirado mil trescientos ejemplares, sólo vendió cuarenta y siete copias, y el editor se arrugó y decidió incumplir el acuerdo y no publicar la segunda obra. «Es una verdadera desgracia cuando un escritor no obtiene éxito con su primer libro, como me sucedió a mí», escribió el irritado pero aún arrogante Walser, «porque entonces cualquier editor se cree capacitado para darle consejos de cómo conseguirlo por el método más rápido. Estas seductoras melodías han destruido a más de una naturaleza débil».

En realidad él no era nada fuerte, como la vida se encargaría de demostrarle cruelmente; y tampoco sé si es del todo verdad lo que ese orgulloso párrafo implica, a saber, que Walser hubiera podido escribir un libro de éxito si hubiera querido rebajarse a ello. Es cierto que hay obras horribles y horriblemente fáciles que se venden como rosquillas entre un sector de público lector poco exigente, pero escribir una novela malísima y popularísima es algo que tampoco está al alcance de cualquiera, hace falta tener una desfachatez especial o ser verdaderamente un poco simplón, hace falta que no te importe ser un tramposo y halagar los bajos instintos de la gente, y eso no lo sabe hacer todo el mundo. Es decir, tengo la sensación de que el buen escritor sólo sabe escribir bien, de la misma manera que el malo sólo es capaz de escribir mal. Cada cual escribe como puede, porque la literatura viene a ser como una función orgánica más, lo mismo que sudar, pongamos, y uno no controla su sudoración, hay gente que chorrea al menor esfuerzo y gente que siempre se mantiene seca. Para mí, Walser nunca hubiera podido escribir una obra popular por más que se esforzara; y, de hecho, creo que más adelante lo intentó, con ninguna fortuna, por supuesto.

Dos años más tarde, en 1907, consiguió que otra editorial le publicara *Los hermanos Tanner;* y luego sacó otra novela, *El ayudante,* que fue la de mayor éxito en toda su carrera: tres ediciones de mil ejemplares cada una. Todo esto, que no es gran cosa, fue conseguido con grandes esfuerzos, y acabó con su magra reserva de buena suerte. Los editores empezaron a perderle manuscritos (señal del poco interés que despertaba), y los otros libros que sacó, poemas y una novela, fueron fracasos absolutos. Una tras otra, las casas editoriales se lo iban quitando de encima como una patata caliente. Pronto se encontró en una situación mucho peor que al principio de su carrera: antes no le querían publicar porque no le conocían, pero ahora no le querían publicar *porque le conocían.* Walser destruyó tres novelas porque no encontró quien se las editase. En 1914, un manuscrito suyo consiguió ganar el Premio Frauenbund; el galardón conllevaba la publicación y, en efecto, el libro, un volumen de prosas poéticas, salió a la calle. Pero se vendió tan poco que este nuevo editor también le abandonó.

Desesperado, el pobre Walser enviaba agónicas cartas a todos los directores editoriales intentando vender sus obras: «Acabo de terminar un nuevo libro en prosa titulado *Kammermusik* en el que he engarzado con esmerado trabajo veintisiete piezas (...) Creo poder decir que el libro forma un todo sólido, redondo y atractivo

(...) Me agrada pensar que puedo encarecerle seriamente la publicación de *Kammermusik* pues considero que es uno de mis mejores libros». ¡Menos mal que hoy existen los agentes y que el escritor no está obligado a rebajarse en persona de tal modo! Aunque a los escritores como Walser tampoco los quieren en las agencias. La carta es la versión literaria del pregón del vendedor ambulante: por favor, cómpreme este libro tan bueno, tan bonito y tan barato... Qué distinto este texto de súplica, humillado y anhelante, de aquel primer párrafo todavía orgulloso sobre las naturalezas débiles. En el pedregoso camino, Robert Walser se había ido dejando la dignidad, porque el escritor, sobre todo el buen escritor, está curiosamente dispuesto a deshonrarse por su obra, si es necesario.

Y desde luego las humillaciones eran continuas. Por ejemplo: como no tenía un duro, un amigo le consiguió una conferencia en un Círculo de Lectura. Para no gastar dinero, fue a pie desde Biel, donde vivía, hasta Zúrich, donde tenía que hablar. El presidente del Círculo, que no conocía a ese escritor estrafalario, le pidió una prueba de la conferencia; Walser lo hizo fatal y el presidente le sustituyó por otro conferenciante, diciendo al público que el autor anunciado se había puesto enfermo.

En realidad lo estaban enfermando. Se pasó cinco años sin poder publicar nada, y ya ni siquiera le aceptaban textos en las revistas. Escribió con amargura a Max Brod: «Los escritores, que a los ojos de los editores no son más que un atajo de desarrapados, deberían tratar con ellos como con cerdos tiñosos». En 1929 le internaron en un sanatorio psiquiátrico y dictaminaron que era un esquizofrénico. «Hölderlin pensó que era oportuno, es decir, prudente, renunciar a su sano juicio a los cuarenta años. ¿Me ocurrirá lo mismo que a él?», se preguntaba Walser. Y también anotó: «La gente no tiene confianza en mi trabajo (quieren que escriba como Hesse). Y ésa es la razón por la que he terminado en el sanatorio». Aun así, y pese a estar encerrado en el hospital, siguió escribiendo durante cuatro años: ochenta y tres piezas de prosa y setenta y ocho poemas. Y también anotó pensamientos tan amargos como éste: «Los críticos, conscientes de su poder, se enroscan alrededor de los autores como una boa constrictor, los aplastan y asfixian como y cuando les apetece». Pero en 1933 le cambiaron a la fuerza de psiquiátrico, y en el nuevo hospital ya no volvió a escribir. Allí murió veintitrés años más tarde, engullido por el silencio.

Que el fracaso enferma, que el fracaso mata, es algo que nos resulta fácil de entender; pero el caso es que el éxito también puede acabar contigo, como acabó con Truman Capote. He aquí un perfecto ejemplo de un escritor enorme que, descerebrado por el éxito, termina escribiendo cosas horribles. Capote poseía un talento descomunal; sus cuentos me enloquecen, su *Desayuno en Tiffany's* me parece perfecto, su *A sangre fría* es un disparo en el corazón. ¿Cómo pudo un autor tan potente deteriorarse tanto como para escribir los muy mediocres textos de *Plegarias atendidas*, su último e inacabado libro? Probablemente porque se traicionó a sí mismo; y porque se angustió.

El éxito angustia, porque no es un objeto que uno pueda poseer ni encerrar en una caja de caudales. De hecho, el éxito es un atributo de la mirada de los demás, quienes, de pronto, y de manera en realidad bastante arbitraria, deciden contemplarte con placidez y agrado, otorgándote el incierto regalo de creerte exitoso. Una vez situados bajo ese haz de luz procedente de la mirada de los otros, los humanos solemos desear que el foco no se apague, y eso nos coloca en una situación de debilidad y dependencia, porque no sabemos muy bien qué es lo que tenemos que hacer para que el reflector siga luciendo. Estas tribulaciones, que me parecen generales en cualquier tipo de éxito, creo que son aún peores en el caso de los escritores, primero porque ya hemos dicho que somos unos pobres tipos especialmente necesitados de la mirada ajena, y en segundo lugar porque, cuando empezamos a escribir para intentar complacer a esa mirada, en vez de seguir los dictados del *daimon*, como decía Kipling, entonces todo nuestro posible talento, pequeño o mediano, se hace fosfatina, y lo que escribimos se convierte en basura.

Y una última reflexión sobre por qué triunfar puede destrozar de manera superlativa a los novelistas; porque el éxito, en la sociedad mediática de hoy, ya no está relacionado con la gloria, sino con la fama; y la fama es la versión más barata, inestable y artificial del triunfo. La fama, «esa suma de malentendidos que se concentran alrededor de un hombre», como decía Rilke, es un vertiginoso juego de espejos deformantes que te devuelven millones de imágenes de ti, imágenes todas ellas falsas y alienantes, y esa multiplicación de yoes mentirosos puede resultar especialmente dañina para alguien que, como ya hemos dicho que le ocurre al novelista, es un ser que tiene las costuras de su identidad un poco rotas y que tiende a sentirse disociado.

Eso fue lo que le sucedió a Capote. Que se descosió. Truman deseó demasiado el éxito. Desde pequeñito anheló con desesperación ser rico y famoso, y estuvo dispuesto a vender su alma para conseguirlo. Y, de hecho, la vendió. Ya era muy conocido (triunfó como escritor siendo muy joven) cuando emprendió la que sería su *opera magna*, el reportaje novelado *A sangre fría*, una magistral reconstrucción del absurdo asesinato de una familia de granjeros, el padre, la madre y los dos hijos adolescentes, a manos de dos veinteañeros medio tarados de vida tan triste y tan precaria que ni siquiera habían llegado a desarrollar de modo suficiente su conciencia del mal. Capote investigó el caso durante tres años; conoció a los asesinos, que estaban en la cárcel condenados a muerte, e intimó con ellos. Escribió la obra casi en su totalidad, y luego esperó durante otro par de años a que ejecutaran a los criminales para poner el capítulo final y publicar el libro. Durante todo ese tiempo, Capote se veía y se escribía con los condenados, que le mandaban cartas angustiadas pidiéndole que intercediera por ellos ante las autoridades, que pidiera el indulto, que les ayudara a salvar el cuello. Él les contestaba con buenas palabras y aseguraba que había llegado a tomarles cierto cariño, pero en el fondo más oscuro de sí mismo estaba deseando que los jueces rechazaran todos sus recursos y que les mataran de una vez, para poder sacar el libro y disfrutar de la gloria, porque él sabía que era lo mejor que había hecho. Capote escribió a su amiga Mary Louise: «Como puede que hayas oído, el Tribunal Supremo ha rechazado las apelaciones (por tercera puñetera vez), así que puede que pronto suceda algo en un sentido u otro. Me he llevado ya tantas decepciones que casi no me atrevo a confiar. Pero ¡deséame suerte!». Truman no hizo nada por Dick y Perry, y lo cierto es que se horrorizó pero también se regocijó cuando al fin les colgaron; y no creo que esa miseria moral se pueda alcanzar impunemente.

Ésta debió de ser, por lo tanto, una de las causas de la caída de Capote: sacrificó la vida de dos hombres al idolillo bárbaro de su propia fama, y eso tiene que dejarte el ánimo revuelto. Por cierto que nunca he entendido muy bien por qué se metió en ese basurero emocional y por qué esperó hasta el cumplimiento de las penas capitales para publicar el libro, porque *A sangre fría* no necesitaba terminar con la ejecución para ser una obra redonda; de hecho, lo que Truman escribió tras el fallecimiento de los asesinos es con diferencia lo peor del relato, que podría haber acabado (y habría quedado mejor) con Dick y Perry en el corredor de la muerte. Pero, probablemente, le perdió de nuevo la ambición, es decir, un exceso de ambición: Capote quiso hacer *El Mejor Libro Del Mundo*, y se le debió de meter en la cabeza que, para ser perfecto, tenía que terminar con la agonía de los asesinos, de la misma manera que había empezado con la agonía de los granjeros. Pero se equivocó. Se equivocó éticamente y, lo que era para él aún peor, también literariamente.

Desde el primer momento de su publicación, *A sangre fría* fue un éxito tremendo. Capote estaba en lo mejor de la vida, había escrito un libro maravilloso, la gente se lo quitaba de las manos, el dinero le entraba a espuertas, se había convertido en ese chico riquísimo y famosísimo que siempre quiso ser. ¿Y qué le sucedió entonces?

Pues que se fue a pique con todas las banderas desplegadas. Vivió diecinueve años más tras la aparición de *A sangre fría*, pero durante ese tiempo sólo publicó el puñadito de cuentos de *Música para camaleones*. A todo el mundo le decía que estaba trabajando en una novela monumental titulada *Plegarias atendidas*, la novela perfecta que le convertiría en el nuevo Proust, pero a su muerte sólo se encontraron tres capítulos y desde luego no eran dignos ni de Proust ni del propio Capote. En esos años finales de bloqueo y angustia, Truman se convirtió en un alcohólico y se tragó todas las pastillas del mundo. Estaba drogado, embrutecido, enloquecido, desesperado. Murió a los cincuenta y nueve años, tan deteriorado como un octogenario mal cuidado. Poco antes del final, declaró: «Miles de veces me he preguntado, ¿por qué me ha pasado esto? ¿Qué es lo que he hecho mal? Y creo que alcancé la fama demasiado joven. Apreté demasiado, demasiado pronto. Me gustaría que alguien escribiera lo que de verdad significa ser una celebridad (...) para lo único que sirve es para que te acepten un cheque en un pueblo. Los famosos se convierten a veces en tortugas vueltas boca arriba. Todo el mundo achucha a la tortuga: los medios de comunicación, pretendidos amantes, todo el mundo, y ella no puede defenderse. Le cuesta un enorme esfuerzo darle la vuelta a su ser» (todo esto lo recoge Gerard Clarke en su estupenda biografía sobre Capote).

Y sí, seguro que la fama tuvo su parte de culpa en el destrozo de Capote, así como el supremo egocentrismo con que despachó a Dick y Perry. Pero además hubo un tercer motivo por el que Truman se rompió, y es que, tras el enorme éxito de público y de ventas de *A sangre fría*, los críticos, esas raras criaturas a menudo tan envidiosas, tan equivocadas y tan esnobs, decidieron que algo que triunfaba tanto no podía ser bueno ni digno de sus gustos exquisitos, y por consiguiente no le dieron a Capote ni el National Book Award ni el Pulitzer, los dos premios más prestigiosos del año. De hecho, luego se supo que uno de los jurados del National, Said Maloff, crítico de *Newsweek* y una de esas boas constrictor a las que se refería Walser, convenció a los demás jurados de que el galardón debía ir a un libro menos «comercial» que *A sangre fría*. Sin embargo, un par de años más tarde no tuvieron ningún problema en otorgar ambos premios a Norman Mailer por *Los ejércitos de la noche*, un libro mediocre que imita de algún modo el tratamiento realista de *A sangre fría*.

No cabe duda de que el trato que Capote recibió por parte de la crítica oficial fue estúpido e injusto, pero, por otra parte, Truman dejó que ese suceso miserable le afectara demasiado. Esto es, se metió en ese pozo sin fondo de la vanidad que nunca se sacia, del requerimiento interminable, y no le fue suficiente el éxito monumental que había logrado su libro. Capote quería más. Lo quería todo. Y querer todo es lo mismo que no querer nada; es algo tan grande que no puede abarcarse. «Cuando vi que no me daban aquellos premios, me dije: voy a escribir un libro que os va a dejar a todos avergonzados de vosotros mismos. Vais a ver lo que un escritor verdaderamente, verdaderamente dotado, puede hacer si se lo propone», explicó años después Capote. Y ahí está definido todo su infierno. La vanidad del escritor no es en realidad sino un vertiginoso agujero de inseguridad; y si uno se mete en ese abismo, no deja de descender hasta que llega al centro de la Tierra. Si caes en el pozo, da igual que dos millones de lectores te digan que les ha encantado tu novela: basta con que un crítico cretino de la Hoja Parroquial de Valdebollullo escriba que tu libro es horroroso para que te sientas angustiadísimo. Yo no sé de dónde sale esa fragilidad idiota, esa necesidad constante de una mirada que te acepte, pero es semejante a la ceguera del enamorado que se siente solo, desgraciado y poco querido cuando el objeto de su amor no le hace caso, aunque tenga a su alrededor otras veinte mujeres que estén rendidamente enamoradas de él: pero a ésas ni las tiene en consideración, ésas no cuentan. Sea como fuere, Capote, para conseguir el amor imposible de la crítica esquiva, decidió hacer un libro maravilloso que les dejara pasmados, con lo cual se equivocó doblemente: primero, porque puso el listón tan alto que todo lo que escribiera tendría que parecerle insuficiente; y segundo, porque intentó escribir lo que suponía que los críticos querrían leer, en vez de fiarse de su *daimon*. Y ya sabemos que es la mejor manera de perderse.

Pero el éxito y el fracaso no son las únicas causas que acaban o silencian o entontecen a un narrador. El poder, lo hemos visto antes, también corrompe fácilmente a los escritores. Tengo la sensación de que uno no puede escribir bien si convierte su vida en una mentira; hay autores que en su existencia han sido unos verdaderos miserables y que sin embargo han producido obras maravillosas, pero probablemente no se mentían a sí mismos: debían de ser malvados, pero consecuentes;

o sea, es posible que la mentira sea el verdadero antídoto de la creación. Aunque a lo mejor es al revés: a lo mejor lo que sucede es que tu vida se va al garete porque conviertes tu obra en una mentira.

Sin duda aún hay muchas otras razones para que un novelista enmudezca. Enrique Vila-Matas investiga el tema en un libro fascinante, *Bartleby y compañía*, en el que divide a los autores entre escritores del sí y escritores del no; y estos últimos terminan sumidos en el silencio. ¿Por qué dejan de escribir los muchos autores que dejan de escribir? «Es que se me murió el tío Celerino, que era el que me contaba las historias», se excusaba Juan Rulfo cuando le preguntaban por qué no publicaba ningún libro más. Y debía de tener razón: se le murió o se le calló aquel que susurraba ficciones dentro de su cabeza. Todos los narradores llevamos a un tío Celerino en nuestro interior: y ojalá no se nos muera jamás.

Pero es el argentino César Aira quien, en su lúcido librito *Cumpleaños*, ha hecho la reflexión que me parece más atinada sobre por qué un escritor es atacado de pronto por el desánimo, el bloqueo, el desaliento, la seca (como decía Donoso), la mudez definitiva o pasajera. Convengamos primero, para entender el análisis de Aira, que novelar consiste en gran medida en *vestir* narrativamente lo que cuentas, en inventar mundos tangibles. El Premio Nobel Naipaul se lo explicó muy bien a Paul Theroux cuando le dijo: «Escribir es como practicar la prestidigitación. Si te limitas a mencionar una silla, evocas un concepto vago. Si dices que está manchada de azafrán, de pronto la silla aparece, se vuelve visible». Pues bien, Aira llevaba escribiendo un par de décadas cuando, cerca ya de los cincuenta, empezó a sentir esa desgana creativa que tanto se parece a una enfermedad física. Y explica en *Cumpleaños*: «A la larga me di cuenta de dónde estaba el problema: en lo que se ha llamado *la invención de los rasgos circunstanciales*, es decir, los datos precisos del lugar, la hora, los personajes, la ropa, los gestos, la puesta en escena propiamente dicha. Empezó a parecerme ridículo, infantil, ese detallismo de la fantasía, esas informaciones de cosas que en realidad no existen. Y sin rasgos circunstanciales no hay novela, o la hay abstracta y desencarnada y no vale la pena».

Exacto, eso es. Releo las líneas de Aira y sé que ha rozado algo sustancial. El detallismo imaginario, dice, empezó a parecerle ridículo e infantil. O lo que es lo mismo, Aira había crecido por encima del juego narrativo, como quien crece por encima de los caballitos de una feria: pero, cómo, ¿con veinte años y aún quieres subirte al tiovivo? Vaya cosa ridícula. El envejecimiento es un proceso orgánico bastante lamentable que apenas si tiene un par de cosas buenas (una, que, si te esfuerzas, aprendes algunas cosas; y dos, que es la mejor prueba de que no te has muerto todavía) y otras muchas malísimas, como, por ejemplo, que tus neuronas se destruyen a mansalva, que tus células se deterioran y se oxidan, que la gravedad tira de tu cuerpo hacia la tierra-tumba debilitando los músculos y desplomando las carnes. Pues bien, a todas estas pesadumbres, y otras que no cito, puede que también se sume un empacho abrumador de realidad, la pérdida progresiva de nuestra capacidad de fantasía, el anquilosamiento de la imaginación. O lo que es lo mismo, el fallecimiento definitivo del niño que llevamos en nuestro interior. Uno se hace viejo por fuera, pero también por dentro; y debe de ser por esto por lo que los lectores, a medida que crecen, van dejando mayoritariamente de ser lectores de novelas y derivan hacia otros géneros más instalados en el realismo notarial, la biografía, la historia, el ensayo. Este agostamiento senil de la imaginación (de la creatividad) puede sucedernos a todos los humanos, pero si eres novelista estás doblemente fastidiado, porque entonces te quedas sin trabajo. Entonces la loca de la casa, harta de tus desprecios de viejo bobo, se marcha con el tío Celerino a buscar cerebros más elásticos. Para escribir, en fin, conviene seguir siendo niño en alguna parte de ti mismo. Conviene no crecer demasiado. Quién sabe, a lo mejor por eso admiro tanto a los enanos.

# 8

En su estupendo libro *La sombra de Naipaul*, Paul Theroux habla de las parejas de hermanos escritores y dice que, curiosamente, uno siempre es inferior al otro. Lo cual, si se piensa bien, es un comentario un poco absurdo, porque sería bastante extraño que ambos alcanzasen exactamente la misma grandeza literaria, sin contar con que no sé cómo se mide esa grandeza o qué debemos tener más en consideración a la hora de valorarla, si el éxito en vida o el triunfo póstumo, o los honores y los premios recibidos, o la cantidad de lectores, o la influencia en su época. La calidad literaria es uno de los valores más subjetivos y más difícilmente mensurables que conozco; si eres ingeniero y haces un puente, por ejemplo, puedes estar más o menos seguro de tu capacidad profesional en tanto en cuanto ese puente no se caiga; pero si eres novelista y escribes un manuscrito, ¿quién te asegura que esa resma de páginas impresas, ese montón de mentirijillas infantiles y ridículas, como decía Aira, son *de verdad* una novela y tienen *de verdad* algún sentido? La historia demuestra que ni el éxito en vida, ni los premios, ni, por el contrario, el fracaso y el aborrecimiento de los críticos, han sido nunca una prueba fiable de la calidad de una obra. Y ni siquiera el tiempo pone las cosas en su lugar, como queremos creer porque necesitamos certidumbres: a veces han caído en mis manos por puro azar novelas de autores antiguos totalmente olvidadas y descatalogadas que, sin embargo, a mí me han parecido buenísimas, y que previsiblemente nunca regresarán del cementerio. Quiero decir que escribimos en la oscuridad, sin mapas, sin brújula, sin señales reconocibles del camino. Escribir es flotar en el vacío.

Pero estábamos hablando de los hermanos escritores y de la teoría competitiva de Theroux, según la cual en toda pareja de autores fraternales hay uno que sobresale y otro que la pifia. Y, como ejemplos, cita a William y Henry James, a James y Stanislaus Joyce, a Thomas y Heinrich Mann (los que peor se ajustan a su proposición, porque Heinrich fue un autor importante), a Anton y Nikolai Chéjov y a Lawrence y Gerald Durrell. Una vez más, como en tantísimas otras ocasiones, me deja atónita la ausencia de nombres de mujeres, sobre todo teniendo en cuenta que los hermanos escritores más célebres de la historia son hermanas, a saber, las Brontë, que además tenían la gracia de ser tres en vez de dos, o sea, que eran un verdadero desparrame de fraternidad literaria. Pero ya se sabe que, aunque las cosas han mejorado muchísimo, lo femenino sigue siendo la cara ensombrecida de la luna.

De este comentario pasajero de Theroux me interesó el pique entre hermanos que insinúa. Pero no creo que sea sólo un asunto literario; de hecho, creo que el ámbito fraternal es el primer lugar en donde te mides como persona; para ser tú, tienes de algún modo que serlo contra tus hermanos; ellos son tus otros yoes posibles, espejos de madrastra en los que te contemplas, y se me ocurre que tal vez esta especie de deshuesamiento personal, esta falta de construcción del yo que parecen mostrar algunos de los adolescentes actuales, puede deberse también, entre otras cosas, a que muchos de los chicos de hoy son hijos únicos y están por lo tanto privados del reflejo de ese otro que pudo ser tú pero que es lo suficientemente diferente como para permitirte tu existencia.

Resulta bastante natural que los novelistas, siendo como son proclives a la disociación, tiendan a obsesionarse con sus hermanos, esos otros yoes de semejanza genética, sobre todo si son mellizos, aún más si son gemelos, todavía mucho más si los hermanos han muerto. En su fascinante biografía sobre el escritor de ciencia ficción Philip K. Dick, Emmanuel Carrère cuenta cómo Dick, un paranoico furioso y autor de *¿Sueñan los androides con ovejas eléctricas?*, la novela que dio origen a la película *Blade Runner*, vivió toda su vida obsesionado por la muerte de su hermana melliza, Jane, que falleció de hambre al mes y pico de nacer, porque la madre no tenía leche suficiente para los dos bebés (tal vez por eso, para pagar esa culpa terrible, Philip fue toda su vida gordo y barrigón). El libro relata una historia aún más inquietante sobre Mark Twain, quien, de mayor, le contó a un periodista que había tenido un hermano gemelo, Bill, a quien se parecía tanto que nadie podía distinguirlos, hasta el punto de que tenían que atarles cordoncillos de colores a las muñecas para saber cuál era cuál. Pues bien, un día los dejaron solos en la bañera y uno de ellos se ahogó. Y, como los cordones se habían desatado, «nunca se supo quién de los dos había muerto, si Bill o yo», explicó Twain plácidamente al periodista.

Mi hermana Martina, por fortuna, está muy viva, y no somos gemelas, y no nos parecemos nada en absoluto. Ella tiene tres hijos (dos de ellos mellizos), yo no tengo ninguno; ella lleva veinte años con el mismo hombre felizmente, o, por lo menos, siempre se les ve juntos y ella nunca se queja (bien es verdad que habla muy poco), mientras que yo he tenido no sé cuántas parejas y suelo refunfuñar de todas ellas. Ella es de una eficiencia colosal, trabaja competentemente como gerente de una empresa informática, atiende a sus hijos, lleva su casa como un general de intendencia llevaría una ofensiva, cocina como un chef galardonado por la guía Michelín, resuelve todos los problemas burocráticos y legales con facilidad inhumana y siempre está tranquila y relajada, como si le sobraran horas a su día; yo, en cambio, no sé cocinar, tengo mi despacho convertido en una leonera, ordenar un armario me parece un reto insuperable, nunca recuerdo dónde he dejado las gafas (a veces las he localizado, tras arduas horas de búsqueda, en el interior de la nevera), corro agitadísima por mi casa y por la vida como si me hubieran robado un día del calendario y creo que lo único que sé hacer es escribir. Martina es tan valiente que roza lo inconsciente, mientras que yo soy bastante cobardica (pero siempre he creído que la valentía física va unida a la falta total de imaginación, a la incapacidad de representarte mentalmente el peligro, y que, por consiguiente, cuanto más fantasioso eres más miedo tienes). Martina tiene un don para crear ambientes, para construir un entorno de plácida domesticidad, para hacer que las lámparas de su casa difundan una luz dorada y dichosa, para conseguir que allí donde ella esté eso sea un hogar («Allí donde Eva estaba era el Paraíso», escribió el desconsolado Mark Twain en la lápida de su llorada esposa, que debía de ser como mi hermana), mientras que yo nunca he logrado atinar con la iluminación de ninguna de mis casas, siempre hay demasiada luz o demasiadas sombras, de la misma manera que siempre hay demasiado calor o demasiado frío, extrañas corrientes en los pasillos, rincones intratables o desapacibles y una sensación general de lugar de paso, porque mi hogar es el interior de mi cabeza. Martina, en fin, es una hacedora, y yo soy sólo palabras.

Pero es la palabra lo que nos hace humanos.

Justamente por eso siempre me han angustiado las historias que bordean el silencio absoluto, que es el silencio de la incomunicación, de una incomprensión total que deshace la convención salvadora de la palabra. Como la historia del loro de los atures. En el siglo XVIII, el naturalista alemán Humboldt viajó a Venezuela a la cabeza de una expedición científica; en un momento determinado del periplo, llegaron al pueblo de los indios atures y descubrieron que había sido quemado hasta los cimientos hacía pocas semanas por los agresivos caribes; los restos ya empezaban a ser cubiertos por la selva. Buscaron y buscaron, pero no había ningún superviviente. Sólo encontraron un aturdido loro de brillantes colores que habitaba entre las ruinas y que repetía una y otra vez largas parrafadas en una lengua incomprensible. Era la lengua de los atures, pero ya no quedaba nadie que pudiera entenderla.

O ese otro caso, auténtico y terrible, de un mendigo de la ciudad de Nueva York al que recogieron de la calle los servicios asistenciales ya no recuerdo bien por qué, porque se desmayó de frío, o porque sufrió un leve atropello sin consecuencias. Sea como fuere, le sometieron a un somero análisis y consideraron que estaba loco como un cencerro: no hablaba, no daba signos de reconocer nada de lo que le decían, bramaba y se agitaba furiosamente... Un juez dictaminó que podía ser un peligro para sí mismo y para los demás y ordenó su ingreso en un psiquiátrico. Pasó diez años encerrado en un manicomio hasta que alguien descubrió que no era loco, sino mudo, analfabeto y rumano, un inmigrante ilegal recién llegado al país cuando fue detenido. No entendía lo que le decían y no podía expresarse, y su furia era la angustia del que se sabe incomprendido.

Pero las dos historias más atroces que conozco, las dos verídicas, están protagonizadas respectivamente por un niño y una chimpancé. El primero se llamaba Hurbinek y era un crío que murió en Auschwitz cuando tenía tres años de edad. Estaba solo, sin padre, sin madre. Tenía las piernas deformadas y paralizadas, había pasado por las sádicas manos de Mengele y no sabía decir ninguna palabra, aunque no era mudo. Quizá no hablara porque nadie le enseñó. Quizá le mantuvieron atado y martirizado en los laboratorios durante meses o años (el doctor Mengele estaba llevando a cabo una meticulosa investigación sobre el dolor y experimentaba con los niños judíos). Probablemente Hurbinek había nacido en el campo de concentración. Es decir, toda su vida, su corta vida, la pasó en el infierno. Y ni siquiera pudo contar qué le había sucedido, lo que le habían hecho. Esta historia espantosa fue recogida por Primo Levi en *La tregua*, pero yo me he enterado de ella en *El comprador de aniversarios*, la demoledora novela de Adolfo García Ortega.

En cuanto a la chimpancé, se llamaba *Lucy* y no recuerdo bien de dónde era, pongamos que de Kenia. Había sido *adoptada* por una pareja de biólogos ingleses, que la recogieron de bebé, la criaron dentro de su casa como si fuera humana y le enseñaron el lenguaje de los sordomudos, lo cual, por otra parte, no es nada extraordinario, porque muchos primates han aprendido a entender y usar este código gestual. Pasaron así bastantes años, quizá quince o veinte, y los biólogos se jubilaron y tuvieron que regresar a Londres. Les era imposible llevar consigo a *Lucy*, de modo que la depositaron en un zoo. Nuevamente pasaron muchos años; y al cabo del tiempo, un profesor de niños discapacitados que estaba pasando sus vacaciones en África fue a visitar el parque zoológico y se encontró con un chimpancé que, aferrado a los barrotes de su jaula, hacía gestos absurdos y frenéticos a todo aquel que se le acercara. El profesor, curioso, también se aproximó; y se quedó paralizado al comprobar que entendía lo que el animal estaba diciendo. Era *Lucy*, que, en el lenguaje de los sordomudos, le pedía desesperadamente a todo el mundo: «Sacadme de aquí, sacadme de aquí, sacadme de aquí...».

«¿Qué lengua oye el sordomudo?», se pregunta brillante e inquietantemente Barbara Tuchman *(Un espejo lejano)*. «Lo traumático no es siempre lo que hace ruido, sino lo que queda mudo», dice Carmen García Mallo, amiga y además psicoanalista: «Y desde el silencio hace ruidos».

Martina y yo teníamos ocho años cuando un día mi hermana desapareció. Salvo en los primeros meses de mi tuberculosis, que nos separaron, normalmente siempre estábamos juntas; jugábamos juntas, nos peleábamos juntas, dormíamos la siesta juntas, a regañadientes, en las largas tardes de verano. Un anochecer de agosto estábamos en el bulevar de Reina Victoria, nuestra calle, entreteniéndonos en recoger chapas de botellas. Debía de ser un domingo, porque nuestro padre estaba con nosotras. Se había sentado en una mesa del chiringuito a tomarse una cerveza y leer el periódico. De pronto, a mí se me antojó tomar un helado. No sé si ya tenía el dinero, no sé si papá me lo dio; sea como fuere, me concedió permiso para comprarlo. Martina no quería helado. Tampoco quería acompañarme. Estábamos enfadadas, me acuerdo muy bien. Siempre nos enfadábamos por cualquier cosa. De manera que caminé por el bulevar polvoriento, entre los grandes árboles torturados por la sed, hasta el puesto de los polos, que estaba en el otro extremo del paseo, a unos doscientos metros, y me compré un corte de nata y fresa. Lo recuerdo todo con precisión y con un extraño distanciamiento, como si fuera una película vista veinte veces. Y regresé despacio, dando milimétricos lametones al helado (los cortes había que chuparlos con mucho método para que el perímetro disminuyera de forma equilibrada) y disfrutando del momento. No sé cuánto tardaría en todo esto: quizá diez minutos. Cuando volví al chiringuito, Martina no estaba. No me preocupó, ni siquiera me sorprendió. Pensé que la muy tonta se había escondido para hacerme rabiar; de manera que ni siquiera miré a mi alrededor para ver dónde andaba, porque no quería que ella me pillara buscándola. Me senté en la mesa junto a mi padre y terminé de zamparme el helado lentamente. Muy lentamente. Debieron de pasar otros diez minutos. Y Martina seguía sin aparecer. Empecé a otear el bulevar hacia arriba y hacia abajo, a ver si la encontraba. Las farolas se encendieron y con la llegada de la luz eléctrica la noche cayó de sopetón sobre nosotros. Papá dobló el periódico, levantó la cabeza y me miró:

—Vámonos a casa. ¿Dónde está tu hermana?

—No sé.

—¿Cómo que no sabes?

Y esa pregunta abrió un abismo dentro de mi cabeza. De golpe comprendí que me había equivocado; que mi hermana no se estaba escondiendo, sino que había desaparecido; que estaba pasando algo muy grave; que yo era en parte culpable de lo que sucedía por no haber avisado a tiempo a mi padre. Me eché a llorar, horrorizada. En una milésima de segundo, todo mi mundo estable, doméstico y seguro se había convertido en una pesadilla.

—¡Creí que quería hacerme rabiar! —farfullé entre lágrimas.

A partir de ese momento, la nitidez de mis recuerdos se emborrona. Sé que mi padre la buscó frenéticamente por el bulevar, por la avenida; sé que gritamos su nombre y que preguntamos a los otros parroquianos del chiringuito. Nadie la había visto. Entonces mi padre me agarró de la mano, muy enfadado, y dijo:

—Tiene que estar en casa.

Pero yo sabía que eso no era posible, porque no nos dejaban cruzar la calle solas. Subimos en el ascensor sin decir palabra; entramos en casa. El pasillo oscuro y silencioso. La cocina, donde mi madre preparaba la cena. Martina no estaba. Siéntate, le dijo mi padre a mi madre. Ella, extrañada, sacó una de las sillas que estaban arrimadas a la mesa y se dejó caer; y entonces mi padre le contó. Supongo que hubo gritos, supongo que hubo lágrimas; yo sólo recuerdo que la silla de madera sin barnizar estaba manchada de azafrán allí donde mi madre, que tenía las manos sucias de cocinar, la había agarrado. Esa mancha anaranjada con forma de mariposa ocupaba toda mi visión, toda mi cabeza. Supongo que no quería o no podía pensar nada más.

Lo que vino después apenas si es en mi memoria una bruma confusa. Me apartaron de la zona candente, como siempre hacen los adultos con los niños en los momentos de crisis; me enviaron a Cuatro Caminos, con los abuelos. Pero la lejanía del conflicto no alivia a los niños, antes al contrario, porque los niños poseen todavía una rica y florida imaginación, y el miedo imaginario suele ser siempre peor que el peligro o el dolor real. Pasaron tres días de agonía y susurros, eso sí lo recuerdo: una casa en penumbra y los abuelos hablando muy bajito, para que yo no oyera. Hasta que una mañana vino mi abuela y me dijo:

—Apareció Martina y está bien, gracias a Dios. Arréglate que nos vamos a tu casa.

—¿Qué le ha pasado? —pregunté.

—Ya te lo contarán tus padres.

Y aquí viene lo más extraño y lo más inquietante de todo: nunca me lo contaron. Llegué a mi casa y me encontré a Martina jugando a los recortables en la mesa del comedor, como si no hubiera ocurrido nada; peor aún, como si ella fuera la hija lista y buena, la que siempre se había quedado en casa, y yo la que regresara tras tres días de ausencia, tras haber desaparecido, tras haberme perdido, tras haber sido expulsada a quién sabe qué exilio. ¿Qué ha pasado?, me apresuré a preguntar nada más entrar. Nada, no ha sucedido nada, una tontería, ya está terminado, no hay nada que contar ni nada que hablar, me contestaron; y me hicieron sentar junto a Martina para que jugara con ella a los recortables. Mi hermana estaba quizá un poco pálida pero tenía buen aspecto, e incluso me pareció advertir en ella una expresión altiva, como de importancia, o de burla, o de triunfo. También a ella la interrogué cien veces sobre lo sucedido, ese mismo día y las siguientes semanas, abiertamente o en la intimidad, cuando estábamos solas; y nunca conseguí otra respuesta que un bufido de suficiencia o una sonrisa maliciosa. A los pocos meses, el tema de la desaparición de mi hermana se había convertido en uno de esos tabúes que tanto abundan en las familias, lugares acotados y secretos por los que nadie transita, como si ese acuerdo tácito de no revisión y no mención fuera la base de la convivencia o incluso de la supervivencia de los miembros del grupo familiar. Y son tan poderosos estos tabúes, estos pozos de realidad intocable e indecible que, de hecho, pueden perdurar durante generaciones sin ser nunca nombrados, hasta que desaparecen de la memoria de los descendientes. En nuestro caso concreto, después de aquellas primeras semanas de ansiedad no volví a preguntar ni a mi hermana ni a mis padres sobre el extraño incidente de la desaparición; ni siquiera ahora, siendo ya todos tan mayores como somos, se me ha ocurrido interrogarles sobre lo que pasó en esos tres días. Tal vez esté escribiendo este libro justamente para preguntar al fin qué sucedió. Tal vez en realidad todos los escritores escribamos para cauterizar con nuestras palabras los impensables e insoportables silencios de la infancia.

## 9

Me gusta mucho Italo Calvino; me gusta su prosa limpia, me gustan sus novelas fantásticas, me gustan sus ensayos literarios de *Seis propuestas para el próximo milenio*. Pero hace poco leí un curioso libro suyo, *Ermitaño en París*, que reúne textos diversos, fundamentalmente autobiográficos, y que hizo que Calvino me resultara en ocasiones un tanto cargante. El núcleo del volumen lo compone un diario que llevó en su primer viaje a Estados Unidos, realizado en 1959 con motivo de una beca que le concedieron. ¡Y hay momentos en los que resulta tan vanidoso! Por ejemplo, escribe periódicamente a la editorial italiana para la que trabaja (Einaudi), enviando cada vez varias páginas con sus reflexiones sobre Estados Unidos; y le explica a la receptora de las cartas: «Daniele, esto es una especie de periódico para uso de los amigos italianos (...) lo guardas todo junto en una carpeta a disposición de todos los colegas y también de los amigos y visitantes que tengan voluntad de leerlo, y procura que no se pierda pero que sea leído, de modo que el tesoro de experiencias que acumulo sea un patrimonio de toda la nación». ¿Y por qué sólo de la nación? ¿Por qué no del mundo entero? Qué prepotencia tan absurda la de este párrafo. Por cierto que las reflexiones sobre Estados Unidos son bastante panolis y el tesoro de experiencias es más bien un pequeño cajón de baratijas. A favor de Calvino hay que decir que, cuando años más tarde se le propuso editar este diario, él se negó a hacerlo, pensando, con razón, que carecía de la calidad suficiente (la publicación ha sido póstuma), de manera que cabe la esperanza de que uno vaya mejorando a medida que envejece.

En aquel viaje, Calvino era desde luego joven, aunque tampoco tanto: treinta y dos años. Uno de sus libros había salido en inglés un poco antes de que él llegara a Estados Unidos, y Calvino escribe: «¿Mi libro está expuesto en las librerías, en los escaparates o en los mostradores? No, ni siquiera en una». De manera que se va a hablar con su editor y le «arranca» la promesa de mandar a alguien para que hable de su libro con los libreros... He aquí de nuevo la vanidad asomando sus ojitos ansiosos, y una vanidad además perfectamente reconocible, porque todos los escritores somos pasto de este narcisismo loco, sólo que unos somos tal vez más conscientes del ridículo e intentamos reprimirnos y aguantarnos, mientras que otros viven su vanidad como un largo viaje sin retorno. Todos los escritores nos sentimos tentados de entrar en las librerías para comprobar si nuestro libro está y si se encuentra bien expuesto, y lo peor de todo es que muchos autores lo hacen, entran en todas las librerías que encuentran a su paso y en otras por las que pasan a propósito, y rebuscan sus obras, y siempre les parece que están mal colocadas, y luego martirizan a sus editores y a sus agentes con angustiadas e indignadas llamadas telefónicas.

Ah, la vanidad del escritor... Podemos llegar a ser una auténtica peste. Quizá sea por nuestra especial dependencia de la mirada ajena, o porque la falta de criterios objetivos a la hora de juzgar una novela hace que siempre nos sintamos un poco inseguros, siempre un poco en el aire; pero lo cierto es que la vanidad es, para nosotros, como una droga dura, un chute de reconocimiento exterior que, como toda droga, nunca sacia la necesidad de aprobación que padecemos. Al contrario: cuanto más cedemos a la vanidad (cuanto más nos pinchamos), más necesitamos. Lo veo en mí misma y a mi alrededor e intento aprender de ello: veo que todos queremos siempre más, mucho más, independientemente de nuestra situación. Los que tienen éxito de crítica, ansían el éxito de público; los que venden montones de libros, se quejan porque no creen tener suficiente éxito de crítica; y los que han triunfado tanto en las ventas como en el reconocimiento de los mandarines de la cultura, hale-hop, ¡también lloran! Porque de alguna manera les parece que todos los premios que han ganado no son suficientes, que los muchos lectores que tienen deberían ser todavía más, que hay un par de críticos que les han mirado mal. En fin, como la vanidad es una droga para nosotros, la única manera de no caer esclavo de ella es abstenerse de su uso lo más posible. Algo verdaderamente difícil, porque el mundo actual fomenta la vanidad hasta el paroxismo.

Ya se sabe que hoy los libros forman parte del mercado y son vendidos con técnicas comerciales tan agresivas como las que emplean los fabricantes de refrescos o de coches. Lo cual tiene sus cosas malas, pero también algunas buenas: por ejemplo, que los libros llegan a más gente; o que, al estar dentro del mercado, están dentro de la vida, porque hoy todo es mercado, y si la literatura permaneciera totalmente al margen quizá se convertiría en una actividad elitista, artificiosa y pedante. Pero las cosas malas que esta situación conlleva son desde luego muy malas; como, por ejemplo, que los libros de tirada corta apenas si pueden subsistir, porque, para vender tres mil ejemplares de un título, la obra tendría que estar un año en las tiendas, un par de copias aquí, otro par de copias allá; pero resulta que hoy esos libros son devueltos y guillotinados a los quince días porque las librerías carecen de lugar donde exponerlos, atiborradas como están con las desbordantes torres de best-sellers. Es una tragedia, porque la literatura y la cultura de un país *necesitan* esas obras de tres mil ejemplares que hoy nos estamos perdiendo.

Esto es una consecuencia de la obligatoriedad del éxito comercial, que se ha convertido en un requerimiento casi frenético. Se diría que hoy la única medida del valor de un libro es la cantidad de copias que vende, una apreciación a todas luces absurda, porque hay obras horrendas que se venden a mansalva y libros estupendos que apenas si circulan (lo cual no quiere decir, naturalmente, que los libros buenos sean por definición los que no se venden y los libros malos los que sí: ésa es otra mentecatez del mismo calibre que estuvo de moda hace algunos años). Hoy todo te empuja, te tienta, te pincha y te apremia para que vendas y vendas y vendas, porque si no, no existes. Y así, autores y editores mienten en el número de copias vendidas, y tus amigos, parientes y enemigos leen las listas de best-sellers con la avidez de quien lee una novela de crímenes. ¡Pero si incluso tu madre te telefonea para decirte, muy compungida: «Hija, has bajado tres puestos en la lista»! Lo cual hace que, cuando por fin desapareces de la maldita lista, sientas un alivio melancólico semejante al que experimentas cuando te arañan por primera vez la chapa de un coche nuevo.

Releo lo que acabo de escribir y me avergüenzo: ¿y entonces qué deben de sentir aquellos escritores buenísimos que jamás han llegado a estar en una lista de best-sellers? ¿Y qué deben de sentir los escritores malísimos que tampoco han estado, y que sin duda sufren exactamente igual que si fueran buenos? En nuestros mejores momentos, cuando la inseguridad no nos come demasiado los pies, todos nos creemos maravillosos. Hace muchos años entrevisté a Erich Segal, el autor de *Love Story*, aquella novelita de amores y lágrimas que fue superventas en todo el mundo. Segal acababa de escribir un nuevo libro, *La clase*, una novela gordísima y, desde mi punto de vista, también horrorosa, con la que él aspiraba a ganar el reconocimiento de la crítica sesuda (porque, naturalmente, el éxito comercial no le bastaba); y recuerdo que Segal, que me cayó bien y me pareció un buen tipo, empezó a leerme párrafos de su propia novela, emocionado hasta las lágrimas con lo que él mismo decía, aunque los fragmentos eran de una vulgaridad espeluznante. Cielos, pensé, incomodísima: no cabe duda de que este hombre es sincero, no cabe duda de que cree que lo que lee es hermoso, ¿no puede suceder que a mí me pase lo mismo y que en mi delirio crea ser una escritora?

«Descubrí, no sin pena, que cualquier mentecato era capaz de escribir», dijo Rudyard Kipling, refiriéndose a sus comienzos en la narrativa. Y Goethe incluye una anotación divertidísima en su autobiografía *Poesía y verdad*, mientras narra la época de su infancia: «Los niños celebrábamos encuentros dominicales en los que cada uno de nosotros tenía que componer sus propios versos. Y en estos encuentros me sucedió algo singular que me tuvo intranquilo durante mucho tiempo. No importa cómo fueran, el caso es que siempre me veía obligado a considerar que mis propios poemas eran los mejores, sólo que pronto me di cuenta de que mis competidores, que generaban engendros muy sosos, se hallaban en el mismo caso y no se estimaban peores que yo. Y lo que aún me pareció más sospechoso: un buen muchacho al que yo, por cierto, le caía bien, aun siendo completamente incapaz de realizar semejantes trabajos y haciéndose componer sus rimas por el preceptor, no sólo consideraba que sus versos eran los mejores de todos, sino que estaba completamente convencido de que los había escrito él en persona (...). Dado que podía ver claramente ante mí semejante error y desvarío, un día empezó a preocuparme si yo mismo no me hallaría también en el mismo caso; si aquellos poemas no serían realmente mejores que los míos y si no podía ser que yo les pareciera a aquellos muchachos, con razón, tan enajenado como ellos me parecían a mí. Esta cuestión me inquietó en gran medida y durante mucho tiempo, y es que me resultaba completamente imposible hallar una manifestación externa de la verdad». Ya digo, siempre cabe la duda sobre si lo que haces tiene algún sentido. De ahí proviene en gran medida nuestra fragilidad.

Además, escribir ficción es sacar a la luz un fragmento muy profundo de tu inconsciente. Las novelas son los sueños de la Humanidad, sueños diurnos que el novelista percibe con los ojos abiertos. Quiero decir que ambas cosas, los sueños y las novelas, surgen del mismo estrato de la conciencia. En ocasiones, los autores incluso han soñado literalmente sus creaciones. Es el celebérrimo caso de Mary Shelley y su hermoso y conmovedor monstruo de Frankenstein, que apareció entero dentro de su cabeza en el transcurso de una noche alucinada. Y Anthony Burgess se levantó una mañana y encontró en la pared de su comedor «los siguientes versos garrapateados con lápiz de labios: *Que sus carbónicas gnosis se erijan orgullosas / Y guíen a la grey entera hacia su luz* (Let his carbon gnoses be up right / And walk all followers to his light). La letra era mía y el lápiz de labios de mi mujer». A finales del siglo XVIII, Coleridge escribió el famoso y larguísimo poema *Kubla Khan* después de haber soñado sus centenares de versos en una especie de siesta... Y luego está Stevenson, que soñó enterito *El extraño caso del doctor Jekyll y Mr. Hyde* en una noche de fiebre y enfermedad; se levantó de la cama, escribió como un loco furioso la novela en tres días, la arrojó a la lumbre y en otros tres días la volvió a escribir en su forma definitiva. La ensayista Sadie Plant, en su apasionante libro *Escrito con drogas*, sostiene que muchos de estos supuestos sueños creativos eran en realidad delirios inducidos por diferentes sustancias alucinógenas o estimulantes; y, de hecho, asegura que Stevenson sacó su *Doctor Jekyll y Mr. Hyde* no de un sueño más o menos inquieto pero natural, sino de una dosis masiva de cocaína. Sea como fuere, la propia Sadie Plant recoge un texto que publicó Stevenson en 1888 titulado *Un capítulo sobre sueños*, en el que el escritor reflexionaba sobre la importancia de la vida onírica y hablaba de los *brownies* o duendecillos, unos personajes que, según Stevenson, soñaban las novelas por él y se las soplaban al oído, a menudo manteniendo al propio autor en la ignorancia de hacia dónde se dirigía la historia. Estos duendecillos son como el *daimon* de Kipling, y es verdad que todos los narradores, al margen de nuestro mayor o menor talento, tenemos en algún momento esa sensación, la inquietante percepción, casi la certidumbre, de que la novela te la está inventando otro, te la está dictando otra, porque tú no sabías que sabías lo que estás escribiendo.

Y ese otro o esa otra es tu imagen reflejada en el espejo de Alicia, es el revés de ti mismo, es tu otra dimensión. Estoy convencida de que por las noches, cuando nos dormimos y empezamos a soñar, entramos en realidad en otra vida, en una existencia paralela que guarda su propia memoria, su continuidad, su causalidad enrevesada. Por ejemplo, yo sé que en el mundo de mis noches y mis sueños tengo un hermano varón que se llama Pascual, aunque en esta vida real no tenga más hermana que Martina. Ese otro yo onírico está mucho más relacionado con el subconsciente que nosotros; y cuanto más descienda nuestro otro yo a esos estratos del ser adonde ya no llegan las palabras, a esos abismos volcánicos en donde hierve el magma primitivo de las imágenes, más se acercará a los miedos y los deseos colectivos; porque en el fondo de nosotros, muy en el fondo, todos somos iguales. Por eso Stevenson, que tenía una relación muy fluida con sus *brownies*, pudo *soñar* su *Doctor Jekyll y Mr. Hyde*, una historia que hoy todo el mundo conoce aunque en la actualidad casi nadie haya leído la novela. ¿Y por qué ha sido tan importante ese relato, por qué ha pasado a formar parte de la cultura popular, de la representación convencional del mundo? Pues porque, con su libro, Stevenson describió lo que todos intuíamos pero no podíamos saber porque no teníamos palabras para nombrarlo: que los humanos somos muchos dentro de nosotros, que estamos disociados; que, como dice Henri Michaux en una frase formidable, «el yo es un movimiento en el gentío». Eso es lo que hace el novelista verdaderamente dotado: pesca imágenes del subconsciente colectivo y las saca a la luz, para que entendamos un poco mejor el oscuro misterio de nuestras vidas. «De lo que no se puede hablar, hay que callar», dijo Wittgenstein en su celebérrima frase del *Tractatus.* No, de lo que no se puede hablar hay que imaginar, hay que soñar, hay que hilvanar los cuentos sustanciales con los que nos contamos a nosotros mismos. Desde el principio de los tiempos, el mito ha sido la mejor manera de combatir el silencio.

De modo que escribir novelas es una actividad increíblemente íntima, que te sumerge en el fondo de ti mismo y saca a la superficie tus fantasmas más ocultos. ¿Cómo no va a sentirse frágil el escritor, después de tan desaforado exhibicionismo? A veces pienso que publicar una novela es como arrancarte un pedazo de hígado y colocarlo encima de una mesa delante de la cual van pasando los demás, que comentan despiadadamente lo que les parece: «Pues qué víscera tan fea», puede decir uno;

«pues vaya un color tan horrible que tiene, por no hablar de la textura, que es un asco», tal vez comente otro. Y tú, que, naturalmente, te identificabas con tu hígado, oyes esas cosas y te quieres morir. Por lo visto (eso cuenta Theroux), Naipaul le dijo un día a un entrevistador: «No puedo interesarme por la gente a la que no le gusta lo que escribo, pues al no gustarte lo que escribo me estás despreciando». Es una frase egocéntrica y bárbara, pero, la verdad, la entiendo... Incluso creo que uno puede sentir la tentación de compartirla, sólo que se corrige y se reprime, de la misma manera que reprime otros vicios reprobables como, por ejemplo, el de hurgarse la nariz. Los escritores solemos pensar que nuestros libros son lo mejor que nosotros somos y, si eso lo desprecian, ¿cómo no van a despreciarte a ti, que eres mucho peor que tus obras? Cuando a alguien no le gustan tus novelas, tiendes a sentirte rechazado globalmente como persona. Por eso Gore Vidal, siempre tan lúcido y tan maligno, dice que el mejor halago que se puede hacer a un escritor consiste en alabar su obra que menos éxito haya tenido. Y por eso también sueles manifestar una extraña tendencia a pensar que la gente a la que le gusta lo que escribes es muy inteligente, mientras que aquellas personas que muestran reparos puede que, después de todo, no sean tan listas como te parecían.

Todo esto, como es natural, no favorece para nada las relaciones de los escritores con los críticos. Ni siquiera con los buenos críticos, que ciertamente existen, aunque son pocos. Es verdad que todos los escritores soñamos con encontrar el crítico perfecto, aquella persona que, con respeto, admiración, sensibilidad e inteligencia, nos señalara los errores, nos jaleara calurosamente los aciertos y nos alentara a seguir por el buen camino; pero esta criatura singular pertenece al género de lo fabuloso y es tan irreal como el unicornio, porque lo cierto es que, aunque nos topáramos con alguien así, nos costaría bastante aceptar los juicios negativos. Las críticas negativas incultas, malévolas y llenas de prejuicios, que son la mayoría, indignan y desesperan. Y las críticas negativas inteligentes y bien hechas te llenan de inseguridad y te deprimen. Por otra parte, tampoco las críticas positivas son un lecho de rosas. La mayoría de las críticas positivas son incultas, benévolas y llenas de prejuicios. Por consiguiente, y aunque te pongan bien, no te sirven de nada, no colman esa necesidad de reconocimiento. A menudo te da la sensación de que están hablando de un libro que tú no conoces.

Me estoy refiriendo a las críticas de los periódicos, tan entreveradas de intereses económicos y personales; los trabajos académicos suelen ser mejores; por lo menos sus autores han empleado más esfuerzo en hacerlos, y no están obligados a decir si tal obra es buena o mala, sino que prefieren destripar y analizar el libro, y en más de una ocasión te enseñan algo interesante. Pero las críticas de los medios de comunicación, en fin, son un conflicto perpetuo. Un buen número de autores, Martin Amis entre ellos, sostienen que los críticos son en su vasta mayoría escritores frustrados que intentan vengarse de quienes sí han conseguido escribir. Yo más bien creo que sucede lo contrario, es decir, que el problema es que no desean escribir, que no tienen ambiciones suficientes, porque la crítica es un género literario y podrían crear una gran obra si aspiraran a ello. Pero casi ninguno se lo propone. Me parece que la mayoría se contenta con detentar su pequeño poder, a lo que aspiran es a ser los diosecillos de su mínima parcela de influencias, yo a éste me lo cargo, ésta se va a enterar cuando salga mi crítica, en fin, esas cosas sucias y menudas en las que se pierden y abaratan tantos destinos humanos. El ejemplo clásico del crítico poderoso, engreído, miserable y cretino es el francés Sainte-Beuve (1804-1869), que era la autoridad literaria más importante de su época, pero que no le hizo ni una sola reseña al estupendo Stendhal. Sainte-Beuve ignoró a uno de los más importantes autores de su tiempo porque, pocos meses antes de que Stendhal publicara su obra maestra *Rojo y negro*, el crítico envió al novelista un ejemplar de sus poemas (con anterioridad, Sainte-Beuve ya había publicado tres libros de versos, los tres grandes fracasos). Stendhal contestó cortésmente al crítico con una carta cautelosa y moderada en la que lo peor que le decía era: «Creo que está usted llamado a mayores destinos literarios, pero todavía encuentro cierta afectación en sus versos». Y ése fue el fin del novelista para Sainte-Beuve.

Incluso si el crítico intenta ser honesto y riguroso, es difícil que se evada de los prejuicios de su entorno, de esos lugares comunes del pensamiento en los que caemos todos. En el mismo libro que antes he citado de Italo Calvino se recoge un comentario espeluznante. Durante algunos años, inmediatamente después de la Segunda Guerra, Calvino perteneció al Partido Comunista. Luego se salió, porque su talante era más abierto, más inconformista, menos dogmático que el de los comunistas de su época, pero siempre se mantuvo más o menos cerca. Cuando viajó a Estados Unidos en 1959 ya no era militante; por entonces anotó en su diario que, cuando salieron sus primeras novelas fantásticas, «en el lado comunista estalló una pequeña polémica sobre el realismo»; con eso Calvino se quejaba, prudentemente, de la estrechez mental de sus antiguos camaradas, que consideraban que el género fantástico era una traición a la clase obrera; claro que, como Calvino de todas maneras seguía siendo un *compañero de viaje*, añadía enseguida una frase totalmente ortodoxa: «Pero no faltaron autorizados consensos equilibradores». Pues bien: este hombre, que había experimentado en sus propias carnes el dogmatismo crítico, se encontró con que la novela *El Gatopardo* era un gran éxito en Estados Unidos. *El Gatopardo* es la primera y última obra del príncipe Giuseppe Tomasi de Lampedusa, que con anterioridad no había hecho otra cosa que escribir cartas. A los cincuenta y ocho años redactó su única novela, y durante dos años la intentó publicar infructuosamente. Se la rechazaron en Einaudi y en Mondadori, porque lo que se llevaba por entonces era la llamada *literatura comprometida*, o sea, el realismo socialista, y la bellísima obra de Lampedusa no tenía nada que ver con eso, por fortuna para nosotros, sus lectores. Al cabo Feltrinelli la sacó en 1957, pero el pobre príncipe murió pocos meses antes, sin saber siquiera si le iban a publicar. Dos años más tarde, en fin, Calvino encontró en Estados Unidos la estela del gran éxito que, con razón, cosechaba la novela; y escribió en sus cartas y en su diario este párrafo obtuso, propio de un comisario político: «La exaltación de *El Gatopardo* (que no dudan en colocar en el mismo plano que Manzoni), toda ella por motivos reaccionarios, me confirma la enorme importancia de este libro en la actual involución ideológica de Occidente». Ni siquiera las buenas cabezas se libran del tópico alienante.

Puesto que las opiniones de los demás están tamizadas y pervertidas, al igual que las nuestras, por los intereses, el narcisismo y los prejuicios, a los escritores nos convendría intentar ser más fuertes, superar nuestra patética vanidad y no depender tanto de lo que otros digan. Habría que alcanzar ese desapego oriental, esa sabiduría taoísta, la imperturbabilidad estoica de quien nada desea. Pero el problema es que, para ser un buen escritor, hay que desear serlo, y desearlo, además, de una manera febril. Sin la ambición disparatada y soberbia de crear una gran obra, jamás se podrá escribir ni tan siquiera una novela mediana. De manera que, por un lado, habría que intentar alcanzar la impasibilidad, cierta beatífica ausencia de deseos y emociones; pero, por otro, hay que arder hasta hacerse cenizas en la pasión por la literatura y en el afán de crear algo sublime. Es la cuadratura del círculo, una contradicción aparentemente insalvable. Si conocen a algún escritor que la haya resuelto, por favor, me lo dicen.

## 10

«Amar apasionadamente sin ser correspondido es como ir en barco y marearse: tú te sientes morir pero a los demás les produces risa», me dijo un día con aplastante lucidez el escritor Alejandro Gándara. Es cierto: los achaques amorosos suelen provocar en los espectadores una sonrisilla a medias burlona y a medias conmiserativa. Y, sin embargo, ¡el dolor del amor despechado es tan agudo! Es una desesperación que enferma, una desolación que te vacía. Resulta curioso que tus amigos se tomen tan poco en serio un sufrimiento para ti tan profundo; y resulta aún más curioso que tú tampoco te conmuevas demasiado cuando a quienes les toca sufrir es a tus amigos. ¿Por qué será que, cuando no estamos sumidos en el martirio del desamor, no le damos tanta importancia a esa desdicha? ¿Será que, en el fondo de nuestra conciencia, sabemos que la pasión amorosa es un invento, un producto de nuestra imaginación, una fantasía? ¿Y que, por tanto, ese dolor que nos abrasa es de algún modo irreal? Claro que todos los psiquiatras saben que un enfermo imaginario, por ejemplo, puede acabar matándose de verdad: puede crearse un cáncer, una embolia cerebral, una enfermedad física. Pero también los hipocondríacos son objeto de burla. La loca de la casa a veces es así: juega perversamente con nosotros. Nos hace experimentar un dolor destructivo y auténtico frente a sus espejismos.

Como soy una persona apasionada, he vivido repetidas veces ese dolor amoroso insoportable que luego siempre se acaba soportando. Pero hubo una situación especialmente absurda que parece sacada de una mala novela de enredos y equívocos. Sucedió hace mucho tiempo, en el verano de 1974, en los últimos tiempos del franquismo. Yo tenía veintitrés años, trabajaba en la revista de cine *Fotogramas*, compartía piso con una amiga periodista, Sol Fuertes, y vivía alegremente la incendiaria vida de los primeros setenta, que fueron unos años desmesurados y movedizos. Era la época del amor libre, de la cultura psicodélica, de los conciertos de rock atufados por el olor dulce y embriagante de la *hierba*. También era la época de las manifestaciones antifranquistas y de las carreras delante de los *grises*, pero eso no lo añoro en lo más mínimo; siempre detesté el abuso de fuerza de la dictadura, y la estupidez de la dictadura, y el miedo que se pasaba; y el tiempo no me ha hecho mitificar toda aquella mugre. Contra Franco no vivíamos mejor de ninguna de las maneras; lo que me gustaba y aún me gusta de aquellos años era todo lo que no pertenecía ni al franquismo ni al antifranquismo; lo que me gustaba era la libertad cotidiana que empezaba a construirse por debajo del régimen que se desmoronaba, y la contracultura, y la música atronadora, y el espíritu aventurero e innovador que latía en el aire, y la increíble sensación de que íbamos a ser capaces de cambiar el mundo. Ardían las noches en aquel Madrid del verano de 1974. Aunque lo más probable es que las noches siempre ardan cuando uno acaba de cumplir los veintitrés años.

Una de esas noches tórridas y eternas salí a cenar con Pilar Miró. Pilar andaba ennoviada con un director de cine extranjero que en esos momentos estaba rodando una película en España. El protagonista del film era M., un actor europeo que acababa de tener un par de grandes éxitos en Hollywood y que en aquellos años era muy famoso. Recién separado de una estrella norteamericana, había llegado a España perseguido por una nube de periodistas sensacionalistas. Pilar me había telefoneado un par de días antes para hablarme de él: «Es un tío estupendo, aunque bastante raro, introvertido, tímido. Se encuentra aquí muy solo y está algo deprimido. ¿Te quieres venir a cenar el sábado con nosotros y con M.? Ya verás, te gustará. Le explicaré a M. que, aunque trabajes en una revista, no eres como los demás... Es que odia a los periodistas, sabes, ha tenido muy malas experiencias con ellos y en eso es un poco maniático». Dije que sí, por diversión, por curiosidad, porque era un hombre muy guapo y, sobre todo, porque siempre he sentido una debilidad fatal por los tipos raros. De modo que salimos los cuatro, Pilar, el novio de Pilar, M. y yo. Fuimos a cenar a Casa Lucio, y tomamos un café en Oliver, y nos bebimos unas cuantas copas en Boccaccio. Todo fue razonablemente bien: M. no hablaba español y yo por entonces apenas si chapurreaba dos palabras de inglés, de manera que conversábamos atragantada y precariamente en un penoso francés o un horrible italiano. Pero en realidad no nos hacía falta el idioma para entendernos: hablaban nuestros cuerpos, nuestras feromonas, los roces de la piel, las miradas golosas. Él tenía los ojos verdes más hermosos que jamás había visto, unas manos grandes y huesudas, unos hombros mullidos, unas caderas sólidas y esbeltas, como de bailarín. El aire entre nosotros echaba chispas; por alguna maravillosa razón, era evidente que yo le atraía; ahora, que sé bastante más sobre el ser humano, pienso que en aquellas circunstancias le hubiera atraído casi cualquier chica. Me pasé la velada flotando a dos palmos del suelo, disfrutando de la progresiva construcción del deseo, del deleite de la expectativa, de esa exquisita sensación que consiste en arder de ansia sexual sabiendo que dentro de pocas horas vas a poder cumplirla.

Al fin, a eso de las cuatro de la mañana, nos despedimos de Pilar y su pareja y nos encaminamos en mi coche hacia el domicilio de M. La productora le había alquilado un apartamento amueblado en la Torre de Madrid, un rascacielos de unos treinta pisos que era por entonces el edificio más alto de la ciudad. La Torre, construida en los años cincuenta, había sido el orgullo del franquismo, un ensueño fálico y algo papanatas de modernidad. Yo nunca había estado en su interior y aquella noche me sorprendió el aspecto rancio que todo mostraba. Había un tétrico vestíbulo con un portero adormilado detrás de un mostrador, deprimentes luces de neón y un galimatías de ascensores que parecían subir cada uno a un piso distinto. Para llegar al apartamento de M., situado en la parte alta del edificio, había que cambiar varias veces de ascensor e incluso de rellano, abrir puertas, cruzar escaleras. Un verdadero laberinto.

Pero al fin llegamos. El apartamento era una extravagancia que parecía salida de un telefilm norteamericano de los años cincuenta, con sillas de formica provistas de tres patitas de metal, una barra de bar en la sala, un muro revestido de teselas color verde y cortinas con dibujos de palmeras. Después de besarnos y mordernos y reírnos de la horrorosa decoración, y volvernos a morder y a estrujar, todavía de pie y junto a la puerta, M. me preguntó si quería beber algo y se dirigió al bar. Se agachó para sacar algo de debajo de la barra, luego se levantó y, de pronto, dejó de hablar, se llevó la mano a los ojos, palideció, dio una especie de suspiro, o de grito sordo, o de resoplido, y se desplomó como un pelele. Se golpeó contra el suelo con un ruido horrible; contra el suelo y contra algo más, porque, cuando me abalancé aterrorizada sobre él, vi que, en su caída, había debido de darse con algo: tenía sangre en la cara, en un lado de la cara, sobre el ojo. Apenas si me atrevía a mirar, apenas si me atrevía a tocarle. Empecé a llamarle pero no respondía, seguía sin sentido sobre el suelo y chorreando sangre, ahora veía que se había abierto una brecha en la ceja o quizá en la frente, no tenía por qué ser grave, la ceja era siempre tan aparatosa para las hemorragias, intenté animarme; pero lo peor no era el golpe, lo peor era que se había desmayado aun antes de caerse, y no estaba ni mucho menos tan borracho como para eso, podía haber tenido un ataque, quizá estuviera enfermo, muy enfermo, no respondía a mis palabras, no se movía y yo no podía hacer nada con él con mis escasas fuerzas, era un hombretón de tal vez un metro noventa centímetros de altura y por lo menos debía de pesar noventa kilos, y ahora estaba desmadejado sobre el suelo como un muñeco roto.

Le puse un cojín debajo de la cabeza, pero luego temí que se hubiera lastimado el cuello al caer y se lo quité; le mojé la frente con agua fría —la parte contraria a la de la brecha— y le palmeé las manos, pero pasaban los minutos, o a mí me parecía que pasaban, y M. no volvía en sí. Busqué el teléfono para llamar a urgencias, pero cuando descolgué el auricular no pude escuchar nada; sin duda el aparato estaba conectado a una centralita y había que marcar algún número para conseguir línea, pero por más que probé, primero con el cero, luego con el nueve, después con cada una de las cifras, no logré que el maldito teléfono funcionara. Desesperada, decidí bajar en busca del portero. Como no sabía dónde había dejado M. las llaves de su casa (sin duda podría haberlas localizado fácilmente, pero supongo que me encontraba tan histérica que no razonaba demasiado bien), dejé la puerta del apartamento abierta de par en par para que no se cerrara. Descendí todo lo deprisa que pude por el laberinto de escaleras y ascensores, y llegué frente al mostrador de recepción como una tromba. El portero era un tipo grandullón de unos cuarenta años. Estaba medio dormido y se quedó pasmado ante mi aparición y mi farfulla. Tuve que repetir dos o tres veces lo que había sucedido para hacerme entender.

—Está bien, está bien, tranquilízate —gruñó el hombre al fin—. ¿En qué piso es?

Y ahí fue cuando me di cuenta de mi error: no sabía ni el piso ni el número del apartamento. No sabía nada.

—No lo sé, no me he fijado, pero es donde está alojado M., el famoso actor, tiene que conocerlo, seguro que sabe dónde es...

—¿M., dices? Ni idea. No sé quién es. Yo no trabajo aquí, yo estoy haciendo una suplencia porque es sábado, yo no conozco a nadie ni he visto a nadie. Y además no quiero líos. Todo esto es muy raro.

Pensé que me iba a dar un ataque de ansiedad, que me iba a caer redonda como M. Aún recuerdo la angustia que sentí esa madrugada; lo que no recuerdo es cómo conseguí convencer al portero para que me acompañara a intentar encontrar el apartamento. Aquel hombre era de por sí un bruto desconfiado y antipático, pero además el franquismo avivaba el recelo de tipos como él: bajo la dictadura cualquier cosa podía ser en efecto sospechosa, y la gente medrosa y acomodaticia siempre evitaba «buscarse líos».

Pero ya digo que logré no sé cómo convencerlo y me siguió, aunque bastante reacio, en mi periplo por la zona alta de la Torre, en busca de la puerta que yo había dejado abierta. Empezamos por la última planta y fuimos descendiendo piso a piso; y, para mi desesperación, no la encontramos. Intenté recordar si las ventanas del apartamento estaban abiertas: me pareció que sí, y pensé que una corriente de aire podía haber hecho que la hoja se cerrara. Llegamos hasta la planta octava, donde ya empezaban las oficinas, y que era evidentemente distinta a aquella en la que yo había estado, sin haber conseguido nada. No me lo podía creer: me sentía en el interior de una pesadilla. El que tampoco se lo creía era el portero, que se mostraba cada vez más irritado y más suspicaz. Al cabo, empezó a sugerir que yo estaba mintiendo, que quizá le había obligado a irse de la recepción para que algún compinche cometiera un delito. Y en cuanto se le ocurrió la idea se puso nerviosísimo y me dijo que me fuera inmediatamente y que iba a avisar a la policía. Me marché, porque nadie quería tener tratos con la policía franquista. Por fortuna, llevaba mi bolso en bandolera y eso había impedido que me lo dejara en el apartamento; en eso, por lo menos, había tenido suerte.

Pero todo lo demás fue una catástrofe: eran las seis de la mañana y en algún lugar de esa Torre dormida, de esa colmena laberíntica, M. podía estar muriéndose. Para peor, era domingo, de manera que no podía llamar a la productora para que me ayudaran. En cuanto a Pilar, sabía que se había ido a dormir al chalet que su novio había alquilado en algún impreciso lugar de las afueras. Desesperada, me marché a mi casa y empecé a llamar a todos mis conocidos del mundillo del cine, desde actores a periodistas, para ver si alguno tenía el número de teléfono del novio de Pilar o de alguien de la productora. Al final, a las once de la mañana, después de pasarme casi cuatro horas aferrada al auricular, conseguí dar con la sastra de la película, que me prometió encargarse de todo. Le rogué que me tuviera informada de lo que pasaba y que me dijera cuál era el apartamento cuando lo supiese para poder llamar (cuando se hizo de día había intentado telefonear a la Torre, pero la operadora tampoco conocía el número de M.: por lo visto le habían inscrito con otro nombre para despistar a los periodistas). Me pasé el día mordiéndome las uñas junto al aparato, pero no llamó nadie. Hasta las once de la noche, que fue la hora a la que más o menos telefoneó Pilar. Su voz sonaba rara, preocupada.

—M. está furioso —dijo, de entrada.

—¿M.? ¿Has hablado con él? ¿Cómo está? —pregunté yo, aún obsesionada por su salud.

—Ya te digo, furioso.

—¿Furioso? ¿Entonces está bien? —repetí tontamente, sin entender nada.

—¡No! ¿Cómo va a estar bien? Está que brama.

Me costó comprenderlo, pero al cabo conseguí reconstruir la historia dentro de mi cabeza. Al parecer, M. había sufrido simplemente una lipotimia: por exceso de trabajo, o porque las copas le sentaron mal o por cualquier razón menor y sin consecuencias. Al caerse, en efecto, se había roto una ceja, pero eso tampoco resultó ser nada grave, aparte del fastidio que el hematoma y la hinchazón iban a suponer para el rodaje, que tal vez tuviera que suspenderse un par de días. Debió de volver en sí nada más marcharme yo en busca del portero; confundido y perplejo, asustado por el escándalo de su propia sangre, empezó a pensar que algo malo había sucedido. No podía explicarse mi desaparición y, cuando vio la puerta de su apartamento abierta de par en par, la cerró y corrió a mirar su cartera, por si le había robado. Al parecer era un tipo bastante paranoico, cosa que yo por entonces no sabía; pero por otra parte también hay que reconocer que, desde su punto de vista, la situación era rarísima. Humillado e inquieto, se lavó la brecha, se acostó y se durmió, hasta que a mediodía le despertó, muy preocupada y preguntándole por su salud, la ayudante de producción, que había sido alertada por el foto fija, a quien, a su vez, había avisado la sastra. Con tanto intermediario, ignoro qué le explicaría la ayudante de producción sobre mi versión del incidente, pero en cualquier caso esto no fue lo que le puso furioso. Lo que verdaderamente le encendió sucedió horas más tarde, a eso de las nueve de la noche, cuando la ayudante de producción volvió a telefonear a M. y le dijo que las radios y la televisión acababan de decir que él, M., estaba agonizando.

Yo no me había enterado de nada hasta la llamada de Pilar, pero inmediatamente deduje lo que podía haber sucedido. Esa mañana, cuando me puse a telefonear desesperadamente a todos mis conocidos del entorno cinematográfico, hablé también con unos cuantos periodistas. Como les estaba despertando a una hora intempestiva, me sentí en la obligación de contarles por encima la razón por la que les llamaba. Y alguno de ellos (podía sospechar concretamente de dos) había decidido poner la noticia en circulación. Pero, claro, M. no sabía nada de esto. M. creyó que era yo quien había comercializado la historia; esto es, su primera intuición habría sido acertada y yo le habría *robado* de algún modo. Con el agravante de haberlo abandonado desmayado y herido. Un verdadero buitre de la prensa, de esos que él odiaba. Horrorizada, me apresuré a relatarle todo el embrollo a Pilar (en quien detecté cierta suspicacia inicial hacia mí: de manera que la paranoia de M. resultaba bastante convincente, después de todo), que, a su vez, intentó hablar con M. para disculparme. Pero él no quiso ni escuchar.

—Ya se le pasará y entonces se lo contaremos. Ahora también está cabreado conmigo por haberle dicho que eras de fiar —me contó Pilar con su temple habitual en una nueva llamada, tras explicarme el fracaso de su gestión.

Pero no se le pasó, porque la cosa fue cada día a peor. El lunes, el vespertino *Pueblo* salió con un reportaje de dos páginas y una llamada en primera contando que, tras su tormentoso divorcio con la diva de Hollywood, el famoso actor M. había intentado suicidarse en un hotel madrileño y se encontraba gravísimo. Era pleno verano, los medios de comunicación atravesaban una tediosa sequía de noticias y se lanzaron sobre el bulo con fruición. Los lectores que tengan suficiente edad quizá recuerden aquel mísero escándalo estival, aquella breve vorágine de sórdidos cotilleos, y puedan identificar quién era, quién es, M. La historia se reprodujo en la prensa internacional e incluso vinieron a Madrid algunos reporteros extranjeros. La productora dio un comunicado oficial en el que se explicaba que el actor había sufrido una lipotimia y se había herido levemente en una ceja, pero, como M. no apareció por el rodaje durante una semana (el tiempo que tardó en curarse), y como además se negó en redondo a recibir a ningún periodista, durante su ausencia los paparazzi se lo pasaron en grande inventando patrañas. Se dijo que había muerto; que estaba perfectamente pero que había abandonado el rodaje para volar a Los Ángeles y darle una paliza a su ex esposa; que no quería darle una paliza sino, por el contrario, rogarle de rodillas que volviera con él; que era un drogadicto y habían tenido que internarle en una clínica; que le había dado una depresión y habían tenido que internarle en una clínica; que era un alcohólico y se había destrozado la cara al caerse en mitad de una borrachera; que la productora española le iba a demandar por daños y perjuicios porque la película no se podría terminar... Ni que decir tiene que todo esto no ayudó a que nuestras inexistentes relaciones mejoraran. Al cabo de siete días, M. volvió al rodaje y el escándalo se desvaneció a la misma velocidad a la que se había montado. Pero él jamás me perdonó. No quiso saber nada más de mí.

Yo estaba en el infierno.

Si hay algo verdaderamente insoportable para una persona que tiende a la disociación es que otra persona se haga pasar por ella, o que le acusen de haber hecho algo que no ha hecho. A mí me han ocurrido las dos cosas y las dos producen una inmensa zozobra. Pero, además, con M. la angustia se había multiplicado hasta el paroxismo porque, de súbito, como siempre suceden estas desgracias, me había descubierto fatalmente enamorada de él. Aunque tal vez fuera al revés, tal vez el enamoramiento se hubiera multiplicado hasta el paroxismo por el acicate de la angustia: ya se sabe que la pasión engorda con la imposibilidad y con el equívoco. Más aún, la pasión es puro equívoco. Ya lo decía Platón: «Amar es dar lo que no se tiene a quien no es». O sea, un lastimoso lío de identidades confusas, un perpetuo error de apreciación. Y así, M. se equivocaba al creer que yo me había portado como una sinvergüenza y yo me equivocaba al pensar que M. era el hombre de mis sueños. Un ser maravilloso al que yo había perdido para siempre por la mala suerte, por mi nerviosismo y por mi torpeza.

Intenté por todos los medios explicarle mi versión o que alguien se la explicara, pero ni mis cartas (traducidas al inglés por un profesional) ni mis intermediarios lograron llegar a él. Durante varias semanas me abrasé de desesperación por el malentendido. No podía soportar la idea de que Él, precisamente Él, El Hombre De Mi Vida, pensara de mí, por un simple error, las cosas más horrendas. No me aguantaba a mí misma. Me quería morir. De hecho, enfermé: me pasé no sé cuántos días vomitando. Luego, cuando el rodaje se acabó y M. se marchó de España, tuve que resignarme a lo inevitable de la catástrofe; a partir de entonces, la desesperación por el equívoco dio paso a una desesperada pena pura. El dolor del desamor me golpeó como la ola gigante de un maremoto. Me perseguía su recuerdo. Me abrumaban sus ojos, tan verdes, tan punzantes; y rememoraba una y otra vez todos los (pocos) besos que nos habíamos dado, cada una de las caricias y de los roces. Todo ese esplendor, ese cuerpo duro y cálido, esa piel turbadora, ese embriagador olor a hombre, todo ese banquete de la carne había estado a mi alcance, en la punta de mi corazón y de mis dedos; mi deseo rugía, la frustración me ahogaba. Como aún era muy joven, estaba convencida de que nunca jamás encontraría a ningún hombre que me gustara tanto. Los demás varones de la Tierra desaparecieron para mis ojos: tres mil millones de seres que se borraron de golpe. Era un sufrimiento tan obsesivo que, por las mañanas, cuando me despertaba, el primer pensamiento que me asaltaba era la imagen de M. y la desolada certidumbre de haberlo perdido. Dolía tanto que tuve que esforzarme en no pensar en él. Ni veía sus películas ni hablaba de M. con nadie. Sobrellevaba mi pena como si estuviera atravesando un campo minado: cuando pensaba en otra cosa, la vida proseguía con normalidad, casi feliz. Pero de cuando en cuando algo me recordaba a M., esto es, pisaba sin querer una de las minas: y el estallido me dejaba con las tripas fuera durante cierto tiempo.

Pero la vida es tan tenaz que, pasados unos meses, incluso esa pena inagotable se agotó. Los tres mil millones de varones terrícolas volvieron a materializarse sobre el planeta y me enamoré y desenamoré de algunos de ellos unas cuantas veces. Durante varios años, el recuerdo de M. me siguió produciendo una especie de desagradable pellizco en la memoria. Luego llegó un momento en el que no volví a pensar más en él; y, si por casualidad su nombre o su imagen caían ante mis ojos (en una vieja película, en una noticia), la estrambótica historia de aquel encuentro me parecía un sainete, algo que me habían contado, no algo que de verdad me hubiera ocurrido.

Hace cuatro o cinco años tuve que viajar a una ciudad europea a presentar una de mis novelas, cuya traducción acababa de ser publicada en ese país. En el acto, me dijeron, intervendría mi editor y un conocido crítico literario; luego hablaría yo y, como cierre, una actriz leería algunos fragmentos de la traducción. Para mi sorpresa, cuando llegué al local en donde se iba a celebrar el evento me encontré con M.; de hecho, casi me di de bruces con él en la puerta. No me reconoció y yo estuve a punto de no reconocerle. Habían pasado dos décadas largas desde los sucesos de Madrid y fueron unos tiempos bastante duros para M. Su carrera había ido declinando de modo imparable, de una mala película a otra peor, hasta desaparecer por completo de las pantallas. Por lo visto había tenido graves problemas de depresión, de drogas y de alcohol: es decir, se había convertido en todo lo que los reporteros sensacionalistas inventaron para él en aquel verano venenoso. Todas esas ruinas interiores, más la saña del tiempo, habían destrozado su formidable físico. Estaba medio calvo, con la piel cenicienta y blandamente descolgada sobre los pómulos y un triste pellejillo a modo de papada. Se le veía enclenque; había perdido esos mullidos músculos que antes le hacían parecer atlético y una pequeña barriga, redonda y vergonzante, asomaba por encima del cinturón. Un cinturón, por cierto, todo despellejado, porque sus ropas estaban viejas y descuidadas. Su horrible chaqueta de pata de gallo, totalmente fuera de moda, lucía algún lamparón arcaico y reseco en la solapa. Parecía un anciano y, sin embargo, sólo me lleva nueve años. Lo que quiere decir que, en aquellos momentos, apenas si debía de tener cincuenta y cuatro o cincuenta y cinco. Me lo presentaron brevemente y M., con expresión ausente, paseó por mi cara unos ojos que parecían incapaces de fijar la mirada, unos ojos desenfocados, enrojecidos, lacrimosos, la tumba de aquellos extraordinarios ojos verdes perdidos para siempre en el pasado.

—Es que la actriz se ha puesto enferma y entonces hemos recurrido a M... —me explicó mi editor en un apresurado aparte—: ¿Te acuerdas de él? Ahora no lleva una racha muy buena, pero ha sido un actor famosísimo... Y verás qué voz tan hermosa tiene.

Y, en efecto, la tenía. Yo no me acordaba de eso, pero la tenía. Una voz cálida y broncínea, una voz maravillosa con la que leyó maravillosamente mi novela, recuperando por unos instantes la dignidad y la fuerza, casi la magia.

Pero luego terminó el acto y M. cayó sobre mí como una plaga. Antes, cuando nos habían presentado, no se había dado cuenta de que yo era la escritora, y ahora venía dispuesto a enmendar su pifia dándome toda la coba del mundo. No era que le hubiera gustado mi libro (en realidad, como descubrí después, ni se lo había leído: sólo los fragmentos que le habían señalado para su intervención) y, por supuesto, tampoco me había reconocido; pero obviamente consideraba que yo era una figura de suficiente poder e influencias como para invertir buena parte de sus energías en adularme. De la misma manera que adulaba abyectamente a mi editor, y al crítico, y a los periodistas. Oh, sí, este hombre que antaño odiaba y rehuía a la prensa, ahora se esponjaba como un pobre pavo con las plumas rotas intentando llamar la atención de los reporteros. Sin duda debía de estar muy necesitado: de atención, pero también de trabajo. Y de dinero.

Todo esto me resultaba muy triste y en principio hubiera podido conmoverme fácilmente. Pero lo peor era que no podía. Ni siquiera eso conseguía M.: porque era un verdadero pelmazo, ¡y tan idiota! En el tiempo transcurrido desde nuestro encuentro en Madrid, yo había aprendido a hablar bien el inglés: y esto resultó fatal en mi juicio sobre él. Empecé a pensar que parte de mi loco enamoramiento de aquel entonces debió de originarse por el hecho de no haberle comprendido ni una palabra. Ahora, que le entendía perfectamente, me resultaba atroz. Claro que el alcohol, la depresión y las drogas terminan aplanando el cerebro; tal vez en 1974 M. no fuera tan estúpido como me pareció aquella noche.

Que fue, por cierto, una larga y aburrida noche. Tras el acto, nos fuimos todos a cenar. M. bebió bastante y sus ojos se pusieron aún más llorosos, sus mejillas más temblonas, sus razonamientos más confusos. Impidió cualquier conversación organizada, se le puso chillona y desagradable la bella voz broncínea, repitió las mismas y estúpidas anécdotas siete veces y acabó persiguiendo de manera ignominiosa a Mía, la encargada de prensa de la editorial, una muchacha atractiva y pelirroja que pasó unas horas amargas intentando escabullirse de sus ávidas manos. En resumen, M. nos dio la cena. Al final, mi editor lo raptó literalmente y se lo llevó en un taxi; y los demás comensales nos despedimos con aliviadas prisas. Yo me dirigí caminando hacia mi hotel, en compañía de Mía, por las calles oscuras y silenciosas. Había llovido mientras nos encontrábamos en el restaurante y la noche estaba fresca y limpia, un poco melancólica, agradable. La pobre Mía se sentía furiosa:

—Ese M. es el hombre más asqueroso, repugnante y desagradable que he visto en mi vida... No pienso volver a organizar nada con él. ¡Qué tipejo! No entiendo cómo la guapa y estupenda Z. pudo casarse con él. ¿Qué le vería? ¿Cómo puede una enamorarse de *algo* así? Me parece un horror.

Guardé silencio. Miré a Mía, tan enojada, con razón, y tan segura de su criterio como todos los jóvenes, sin razón. Intenté calcular su edad: tal vez tuviera veintitrés años, como yo tuve una vez, como yo tuve entonces. Y pensé: si tú supieras la cantidad de vidas distintas que puede haber en una sola vida... Pero no se lo dije. Para qué.

## 11

Josefo era un general judío del siglo primero antes de Cristo que se encontraba guerreando contra los romanos. Las cosas salieron mal y Josefo y su ejército fueron sitiados en un pueblo. Incapaces de resistir el cerco por más tiempo, el general pensó en rendirse y mandó un emisario al enemigo. Está bien, le dijeron: si te rindes, a ti te perdonaremos la vida, pero no a tus soldados ni a los habitantes del lugar. Josefo consultó con los otros miembros del consejo judío, con quienes se había atrincherado en un sótano; les habló de la oferta romana y les dijo que, si se entregaban, probablemente podría conseguir que también los consejeros salvaran el cuello. Ni hablar, contestaron con grandeza los notables: todos ellos, incluido Josefo, tenían que seguir el destino de su pueblo y morir con los suyos. Para ello, decidieron matarse unos a otros, tras echar a suertes quién acabaría con quién y el orden de ejecución; y el último hombre vivo tendría que suicidarse. Así se hizo y el sótano se llenó de sangre. Pero Josefo había hecho trampas en el sorteo, consiguiendo ser el último. Cuando sólo quedaban en pie él y el hombre a quien Josefo tenía que liquidar, el general habló con el tipo y consiguió convencerle para que se entregasen. Los romanos entraron en el pueblo y acabaron con todos, pero perdonaron la vida del general. Josefo se fue a vivir a Roma y allí escribió la historia de la guerra judía. Gracias a él conocemos la versión hebrea de aquella contienda, así como el sórdido relato de lo que sucedió en aquel sótano. Porque Josefo contó su propia miseria. Tal vez lo hizo para purgar su culpa. Para darse una justificación ante sí mismo por su comportamiento.

Qué curioso personaje, este Josefo; y qué inquietante conflicto el que propone. ¿Es mejor morir con dignidad pero no dar testimonio de lo sucedido, o es preferible vivir a cualquier precio y a cambio contar, recordar, denunciar? Hay algo verdaderamente repugnante en el engaño de Josefo, en su supervivencia comprada bajo cuerda con un exorbitante coste de vidas y dolor. Y no hablo sólo de sus compañeros del sótano, sino de todo ese pueblo al que está entregando al verdugo cuando se rinde. De hecho, los judíos le consideran un personaje abyecto, el ejemplo del traidor por excelencia. Pero, por otra parte, la guerra estaba perdida, el sitio no podía mantenerse, la plaza iba a caer de todas formas en manos romanas, la matanza iba a producirse en cualquier caso... Qué tentador y qué elocuente es el instinto de supervivencia: seguro que le susurró todas estas consideraciones al general Josefo en aquel oscuro subterráneo. Personalmente me parece un miserable; pero, al mismo tiempo, ¡es tan humano! Su deseo de vivir; su deseo de contar. Tal vez contó sólo para redimirse. Seguramente no podía soportar más sus recuerdos y fue por eso por lo que escribió la historia. No creo que uno escoja vivir para poder contarlo: en realidad, uno se aferra ciegamente a la vida porque es un animalillo aterrorizado por la muerte. Y la decisión de narrar viene después. De manera que, si tuviera que juzgar a Josefo (¡qué manía de juzgar tenemos los humanos, y cómo nos desasosiegan y desconciertan aquellos casos moralmente ambiguos en los que no podemos colocar con precisión la raya de luz y la de sombra!), diría que su deseo posterior de dar testimonio estuvo bien, y que su traición primera estuvo mal. Porque no creo sólo en la elocuencia de las palabras, sino también en la de ciertos actos; y tengo la sensación de que los comportamientos decentes, aunque sean anónimos y pasen casi inadvertidos, construyen las paredes de nuestro mundo. Sin esos actos bellos, actos justos, actos buenos, la existencia sería insoportable.

Voy a contar otra historia de supervivencia y de palabras, aunque muy distinta. Para ello tenemos que trasladarnos a los helados confines de la Gran Peste de 1348, la mayor pandemia que jamás ha existido. El mal comenzó en Asia, de donde no se tienen datos fiables, aunque sin duda causó una carnicería horrible. De allí pasó a Europa, y se calcula que, en menos de un año, murieron entre uno y dos tercios de la población. En la España de hoy, por ejemplo, esto hubiera supuesto entre trece y veintiséis millones de víctimas en menos de doce meses. París perdió a la mitad de sus ciudadanos, Venecia dos tercios, Florencia las cuatro quintas partes... Los vivos no daban abasto para enterrar a los muertos. Los padres abandonaban a sus hijos agonizantes por miedo a contagiarse, los hijos abandonaban a sus padres, cundió la miseria moral. Era un mundo lleno de cadáveres en descomposición, de moribundos dando alaridos. Porque morían de peste bubónica, una enfermedad atroz, deformante, muy dolorosa, que te pudría en vida y te hacía sudar sangre.

Muchos pueblos desaparecieron para siempre, los campos cultivados fueron engullidos por la maleza, los rebaños murieron de abandono, los caminos se llenaron de asesinos y bandoleros, hubo hambrunas y caos. Y sobre todo hubo una indecible tristeza, el duelo descomunal por lo perdido. Agniola di Tura, un cronista de Siena, ciudad en la que falleció más de la mitad de la población, escribió: «Enterré con mis propias manos a cinco hijos en una sola tumba... No hubo campanas. Ni lágrimas. Esto es el fin del mundo». En aquel tiempo crepuscular y aterrador vivió también John Clyn, un fraile menor que residía en Kilkenny, Irlanda. Clyn vio morir uno tras otro, entre crueles sufrimientos, a todos sus hermanos de congregación. Entonces, en su soledad de momentáneo superviviente, escribió con meticulosidad todo lo sucedido, «para que las cosas memorables no se desvanezcan en el recuerdo de los que vendrán tras nosotros». Y al final de su trabajo dejó espacio en blanco y añadió: «Dejo pergamino con el fin de que esta obra se continúe, si por ventura alguien sobrevive y alguno de la estirpe de Adán burla la pestilencia y prosigue la tarea que he iniciado». Clyn también cayó abatido por la enfermedad, como una mano anónima se encargó de anotar en los márgenes del manuscrito; pero la estirpe de Adán sobrevivió y hoy conocemos lo que fue la Gran Peste, entre otras cosas, gracias al minucioso trabajo de John Clyn. Eso es la escritura: el esfuerzo de trascender la individualidad y la miseria humana, el ansia de unirnos con los demás en un todo, el afán de sobreponernos a la oscuridad, al dolor, al caos y a la muerte. En lo más profundo de las tinieblas, Clyn mantuvo una pequeña chispa de esperanza y por eso se puso a escribir. Nada se pudo hacer para detener la peste; sin embargo, a su humilde manera, ese fraile irlandés consiguió vencerla con sus palabras.

Pero el ejemplo más conmovedor y emocionante que conozco de esta lucha de las palabras contra el horror es la historia de Victor Klemperer, el célebre lingüista alemán, nacido en 1881. Estaba especializado en lenguas románicas y tenía una cátedra en la Universidad de Dresde cuando Hitler llegó al poder. Klemperer, que era judío, fue expulsado de la universidad en 1933, y a partir de entonces empezó a vivir una espantosa agonía bajo el terror nazi. El profesor Klemperer estaba casado con una mujer aria, Eva, que tuvo el inmenso coraje de no repudiarle, como hicieron, quebrantados por el maltrato y las amenazas, la inmensa mayoría de los cónyuges arios casados con hebreos. Eso, la *germanidad* de la mujer, hizo que los Klemperer no fueran llevados en los primeros momentos a los campos de exterminio. Fueron trasladados a las «casas de judíos», carecían de cartillas de racionamiento, se les obligó a trabajar en horarios aniquiladores en las fábricas esenciales para el régimen, les escupían, pegaban y humillaban, se morían de hambre, pero a pesar de todo sobrevivían, mientras veían cómo, a su alrededor, iban desapareciendo todos los hebreos. Luego, en las postrimerías del régimen, en el último año de la Segunda Guerra, las cosas estaban ya tan mal para los nazis que empezaron a gasear a todos los judíos que quedaban, tuvieran o no familia aria; pero en ese momento fatal los aliados bombardearon Dresde y destrozaron por completo la ciudad. Los Klemperer, que escaparon milagrosamente vivos de entre los escombros de la urbe deshecha, se arrancaron la estrella de David de sus ropas y se hicieron pasar por refugiados de Dresde que lo habían perdido todo, incluso los papeles, con las bombas. Huyeron al campo, como otros supervivientes, y vagaron épica y clandestinamente por el país durante meses, sin dinero, sin posesión alguna, ya bastante mayores (en 1945, Klemperer tenía sesenta y cuatro años), depauperados y debilitados tras tantos años de infierno, hasta que al fin Alemania se rindió y acabó la guerra.

Dos años más tarde, Klemperer publicó un libro maravilloso titulado *LTI, La lengua del Tercer Reich* (en España está editado por Minúscula), que, por un lado, es una reflexión lingüística sobre cómo el totalitarismo de Hitler deformó el lenguaje y, por otro, es una especie de diario autobiográfico de los años pasados bajo el nazismo. Y es una obra que deslumbra, que golpea la cabeza y el corazón, como si Klemperer hubiera sido capaz de rozar esa zona de cegadora luz de la sabiduría total, de la belleza absoluta, del entendimiento. Porque, sin el entendimiento de nosotros mismos y de los demás, sin esa empatía que nos une a los otros, no puede existir ninguna sabiduría, ninguna belleza.

Para mí la hambruna de conocimientos tiene mucho que ver con el amor a la vida y a los seres vivos; y Klemperer quería saber, quería intentar explicarse lo inexplicable. Aunque su libro está publicado en una fecha tan temprana como 1947, el texto maravilla por su falta de violencia vengativa, por su compasión y su generosidad, por su dolorido amor por lo humano, pese a todo. Y en ese *todo* están incluidos sufrimientos indecibles que Klemperer va dejando caer sin alharacas, sin victimismos, en un sobrio, depurado relato sobre la escalada de represión contra los judíos. Les echaron de los trabajos; les impidieron conducir, adquirir ropa nueva, escuchar la radio y comprar o pedir prestado cualquier tipo de libro o de periódico... Incluso se llegó a prohibir que los judíos tuvieran animales domésticos, con el argumento de que los contagiaban de impureza; de modo que un buen día requisaron todos sus perros, sus gatos, sus peces y sus pajaritos y los mataron. Estas cosas sucedieron aun antes de empezar la Segunda Guerra.

No sé bien por qué me espantan de tal modo estas medidas, cuando conozco de sobra que los nazis acabaron con seis millones de hebreos y convirtieron a los niños en pastillas de jabón. Pero es en estos detalles en donde puede entreverse la extrema perversidad del régimen, el corazón más negro de la maldad. Pues la prohibición de adquirir libros y diarios, ¿no es particularmente brutal? ¿No afecta a nuestra capacidad de pensamiento, a nuestros sueños, a la libertad interior, ese último fortín de lo digno y de lo humano? Y la matanza de mascotas, una nadería dentro de la matanza general, ¿no es una tortura de un refinamiento enloquecedor por lo que tiene de absolutamente gratuito? Incluso Klemperer, siempre tan contenido en su expresión, habla de la especial crueldad de esta medida (él perdió a su gato). Los verdugos sabían lo que hacían; no sólo querían exterminar físicamente a los judíos, antes pretendían robarles el alma. De ahí las humillaciones constantes, los escupitajos, los golpes que tuvieron que soportar Klemperer y su mujer durante años. Para asesinar en masa, primero hace falta despojar en masa a las víctimas de su condición humana, como quien le quita la piel a una naranja.

Por eso me aterrorizan especialmente esas delirantes orgías de deshumanización a las que se entregan los regímenes totalitarios. En el espléndido libro autobiográfico *Cisnes salvajes*, de Jung Cheng, que refleja la vida de tres generaciones de mujeres chinas desde la época imperial hasta Mao, Cheng habla de ejecuciones, apaleamientos y torturas; pero lo que más me impresionó es un pasaje en el que cuenta que, cuando su madre fue detenida como sospechosa antirrevolucionaria, en los duros interrogatorios, que duraron meses, jamás pudo estar sola ni un segundo. Sus carceleras llegaban a dormir en la misma cama con ella, de manera que la víctima ni siquiera podía permitirse llorar de madrugada, porque esa debilidad hubiera sido considerada burguesa y una prueba inequívoca de su culpa. Me imagino que, para no llorar, la madre de Cheng tendría que intentar no pensar. Entumecerse por dentro. Eso es lo que perseguían los maoístas: asfixiar incluso esa pequeña libertad, el minúsculo latido de un pensamiento propio sepultado en el interior de la cabeza.

Ya he contado cómo Klemperer se las apañó para sobrevivir físicamente al nazismo, pero ¿cómo consiguió resistir en su interior, cómo pudo evitar que su cabeza y su corazón se hicieran trizas? Pues de la manera más radicalmente humana: pensando, escribiendo mentalmente, disparándole palabras a la oscuridad, como hizo siglos antes el fraile John Clyn. Durante todos esos años miserables, Klemperer, privado de sus libros y sus papeles, fue elaborando dentro de su cabeza esta obra formidable que luego publicó en 1947: un trabajo sobre la lengua de los verdugos, es decir, sobre el pensamiento de los verdugos; y sobre cómo una aberración semejante llega a calar en el alma humana.

«Las palabras pesan y dicen más de lo que dicen», escribe Klemperer en su libro: «El lenguaje del vencedor no se habla impunemente». Por eso él se dedicó a desmontarlo, como quien desarma un artefacto explosivo, para no ser devorado por el lenguaje totalitario, para que no se le entumecieran la pequeña libertad, la pequeña dignidad atrincheradas en el fondo de su cerebro. Y termina denunciando «la hipocresía afectiva del nazismo, el pecado mortal de la mentira consciente empeñada en trasladar al ámbito de los sentimientos las cosas subordinadas a la razón, el pecado mortal de arrastrar esas cosas por el fango de la obnubilación sentimental». Es un lúcido aviso de peligro: las palabras, cuando mienten embadurnadas de sentimentalismo, pueden ser tan letales como las balas de un asesino. Leyendo *LTI, La lengua del Tercer Reich*, he pensado infinidad de veces en el discurso abertzale vasco; esto es, he reconocido el lenguaje *etarra* y *batasunero*. Todos los totalitarismos se parecen.

Como también nos parecemos los humanos en nuestra fragilidad y nuestra nadería. Cuenta Klemperer en su libro una anécdota maravillosa al respecto: «Recuerdo la

travesía que realizamos hace veinticinco años de Born-
holm a Copenhague. Por la noche nos habían trastorna-
do la tormenta y los mareos; a la mañana siguiente, pro-
tegidos por la costa y con el mar en calma, disfrutábamos
del sol en cubierta y esperábamos el desayuno con ilusión. En eso, una niña que estaba sentada en un extremo
del largo banco se levantó, corrió hasta la barandilla y
vomitó. Un segundo más tarde, su madre, sentada a su
lado, se levantó e hizo otro tanto. Acto seguido se levantó un hombre que se sentaba al lado de la madre. Luego
un muchacho y a continuación... El movimiento avanza-
ba con regularidad y rapidez, siguiendo la línea del banco. Nadie quedó excluido. Faltaba mucho para llegar a
nuestro extremo: allí, la gente observaba con interés, se
reía, ponía cara de burla. Los vómitos se fueron acercando, las risas remitieron y la gente empezó a correr hasta
la barandilla también en nuestro extremo. Yo observaba
con atención y me observaba a mí mismo con igual atención. Que existía algo así como una observación ob-
jetiva, me decía yo para mis adentros, y que me había
formado para ejercerla, que había algo así como una voluntad férrea, y me hacía ilusión el desayuno... En eso,
me tocó el turno y me vi obligado a acercarme a la barandilla, como todo el mundo».

Esto es importante. Quizá lo más conmovedor de
Klemperer sea precisamente eso, la grandeza emocional
e intelectual que consiguió desarrollar en mitad del infierno, cuando en realidad el lingüista podía ser tan poco grandioso y tan lleno de miserias como todos lo somos. En una conferencia del estupendo hispanista
alemán Hans Neuschäfer me enteré de que Klemperer

había venido a España con su mujer en 1926, con una beca de tres meses que no llegó a cumplir, porque nuestro país le pareció tan horroroso (sobre todo el aceite de oliva) que se marchó a los sesenta días, en barco y a Génova. Y cuando llegó a Italia, que para entonces ya estaba bajo el régimen fascista, escribió: «Una civilización tan clara y tan grande no la encontré en España en ninguna parte. Aquí en Italia sigue vivo el Renacimiento, aquí se le encuentra libre de cualquier mezcla africana. ¿Que aquí reina el fascismo? ¿Y qué importa eso? Italia es un país de cultura, es la cuna de la cultura europea y esa cultura vive; España, en cambio, poco tiene que ver con Europa. Y, además, aquí no apesta a aceite». Probablemente en 1926 España tenía poco que ver con Europa, en efecto, pero el párrafo está lleno de esa irracionalidad emocional que él denunciará más tarde. Lo cual resulta alentador, porque demuestra que, siendo torpes y arbitrarios como somos, podemos elevarnos hasta ser casi dioses.

La realidad siempre es así: paradójica, incompleta, descuidada. Por eso el género literario que prefiero es el de la novela, que es el que mejor se pliega a la materia rota de la vida. La poesía aspira a la perfección; el ensayo, a la exactitud; el drama, al orden estructural. La novela es el único territorio literario en el que reina la misma imprecisión y desmesura que en la existencia humana. Es un género sucio, híbrido, alborotado. Escribir novelas es un oficio que carece de glamour; somos los obreros de la literatura y tenemos que colocar ladrillo tras ladrillo, mancharnos las manos y baldarnos la espalda del esfuerzo para levantar una humilde pared de palabras que a lo peor luego se nos derrumba. Redactar una novela lleva muchísimo trabajo, la mayor parte tedioso, a menudo desesperante; por ejemplo, puedes consumir toda una tarde luchando por hacer salir o entrar a alguien de una habitación, es decir, por algo verdaderamente tonto, circunstancial, como diría Aira, en apariencia innecesario. Y es que las novelas están llenas de material inerte, y aunque escribas bajo la férrea aspiración de no poner ni una palabra de más y de hacer una obra sustancial y precisa, una verdadera novela siempre tendrá algo sobrante, algo irregular y desaliñado (los crustáceos que están pegados a la ballena) porque es un trasunto de la vida y la vida jamás es exacta. De manera que incluso las mejores novelas de la historia, los grandes novelones maravillosos, tienen páginas malas, desfallecimientos de tensión, obvias carencias. A mí eso me gusta. Me reconozco en ello; es decir, reconozco el titubeante aliento de las cosas.

Hablando de paradojas: Klemperer incluye en su libro una escena espléndida que refleja la naturaleza profundamente equívoca de la realidad. En los meses últimos de la guerra, cuando están huidos y vagan aterrorizados por el campo, Klemperer y su mujer se ocultan en un bosque cercano a la ciudad de Plauen, que está siendo bombardeada periódicamente por los aliados. Es el mes de marzo y, aunque aún hay nieve, la primavera empieza a percibirse en el ambiente. Pero, para Klemperer, el bosque tiene un inequívoco aspecto navideño, porque las ramas de los abetos están llenas de centelleantes tiras de papel plateado que los aviones aliados arrojan para confundir a los radares alemanes.

Y así, escondidos en ese bosque refulgente de adornos, tan hermoso y festivo, los Klemperer, alemanes pero también judíos y víctimas de Hitler, escuchan cómo los aviones de los enemigos de su país pasan por encima de sus cabezas para sembrar de muerte la pobre Plauen.

# 12

Recuerdo cuándo fue la primera vez que comprendí que la muerte existía. Debía de tener unos cinco años y estaba leyendo *El gigante egoísta*, el precioso cuento para niños de Oscar Wilde. Terminé el relato, miré la solapa y me enteré de que la persona que había escrito eso había muerto muchos años atrás. Por supuesto no alcanzaba a entender la medida de esos años, pero sabía que suponía muchísimo tiempo: de hecho, se había muerto *antes de nacer yo*. Y morirse, comprendí de golpe, era no estar en ningún lado. Ni escondido ni durmiendo ni en otra habitación ni en otra casa. Simplemente no estaba y no volvería a estar nunca jamás. Era una cosa imposible, impensable, pero que sucedía. Y, sin embargo, ese hombre que ya no estaba seguía contándome su precioso cuento. Yo podía seguir leyendo-oyendo sus palabras. Me imagino que ésa fue otra de las razones por las que me hice escritora.

Ya sabemos que se escribe contra la muerte, pero la verdad es que siempre me ha sorprendido y divertido el ansia de posteridad que muestran muchos escritores. Para ser exactos, es un defecto eminentemente varonil: en muy pocas mujeres novelistas he encontrado vestigios de ese afán. Tal vez sea porque las mujeres calman esa hambruna elemental de supervivencia con su capacidad reproductora; quizá el mandato genético de no perecer quede suficientemente saciado con la ordalía milagrosa del embarazo y el parto. Pero, entonces, las mujeres que, como yo, no hemos tenido hijos y nos hemos fabricado una biografía aparentemente poco femenina, ¿dónde nos encuadramos? Mi hermana Martina, la hacedora, dice que yo no soy una mujer, que soy una mutante; pero tampoco entre nosotras, las escritoras mutantes, advierto ese mismo frenesí por dejar huella que se puede percibir en tantos hombres.

Y es una ambición que no afecta tan sólo a los idiotas. O sea, no son únicamente los escritores más vanidosos, más egocéntricos y más insoportables los que imaginan su nombre en las enciclopedias para solaz y provecho de las generaciones venideras. Tengo amigos literatos estupendos, gente tal vez un poco narcisa pero encantadora, que anda embelesada por la posteridad. Enseguida hacen donaciones de sus cartas a alguna biblioteca, ordenan sus papeles con fechas y aclaraciones al margen en previsión de los futuros biógrafos, rompen las fotos en las que no se gustan, realizan anotaciones en sus diarios privados que en realidad sólo están hechas para ser leídas algún día públicamente... A mí me fascina esa ansiedad por perdurar, porque me parece estrafalaria. El tiempo todo lo tritura, todo lo deforma y todo lo borra, y hay autores y autoras importantísimos que se han perdido para siempre de la memoria del mundo. Por ejemplo, la maravillosa George Eliot, para mí una-uno de los novelistas más grandes de la historia, es prácticamente una desconocida en el mundo hispano, y en el anglosajón, en donde es un clásico escolar, no la lee nadie. Y Eliot aún tiene suerte, porque a fin de cuentas ha entrado en el panteón literario oficial de la lengua más poderosa del planeta. Peor y mucho más común es el caso de esos miles y miles de escritores y escritoras cuyos nombres ignoramos, porque la huella de sus vidas y de sus obras se ha borrado por completo de la faz de la Tierra. Ése es el destino que nos espera prácticamente a todos. Aspirar a otra cosa es más bien ridículo.

Aun así, hay una inquietud difícil de soslayar, y es la curiosidad o la preocupación por la imagen que quedará de ti en la primera resaca de tu muerte, es decir, en esos meses o incluso años en los que todavía te recuerden tras el fallecimiento. ¿Qué dirán de ti? ¿Cómo cerrarán la narración de tu vida? Puesto que nuestras existencias son un cuento que nos vamos contando a medida que crecemos, adaptándolo y cambiándolo según las circunstancias, fastidia pensar que la versión final de ese relato va a ser redactada por los demás.

Gay Talese, en su clásico y sustancioso libro *Fama y oscuridad*, cuenta el caso de Lowell Limpus, un reportero del *Daily News* de Nueva York que se encargaba de escribir los artículos necrológicos para el diario y que redactó su propia necrología. Limpus murió en 1957 y al día siguiente el *Daily* publicó un texto con su firma que empezaba diciendo: «Ésta es la última de las 8.700 historias escritas por mí que aparecerá en el *News*. Tiene que ser la última, puesto que fallecí ayer... He escrito mi propia necrología porque conozco mejor que nadie al sujeto en cuestión y prefiero que sea más sincera que florida».

Desde luego un artículo así es un fin de fiesta muy logrado, pero tengo mis dudas sobre la justeza de lo que dice. Porque, por un lado, ¿es verdad eso de que nos conocemos a nosotros mismos mejor que nadie? ¿No estamos todos sometidos, en mayor o menor grado, a cierta idealización, cierto redondeamiento de nuestra persona? Por lo menos yo me he topado con un buen puñado de individuos tan pagados de sí mismos que no parecían tener ni la más repajolera idea de cómo eran. Y en cuanto a lo de preferir que sea más sincera que florida, ¿es eso creíble? ¿Puede ser sincera una autobiografía? ¿No se encuentran todas impregnadas, incluso las más autocríticas y las más honestas, de una buena dosis de imaginación?

En cualquier caso, a todos nos gustaría dictar desde el más allá nuestro retrato póstumo. Claro que uno puede hacer como Limpus y preparar su propia necrología anticipadamente, pero no es lo mismo, porque entonces el artículo puede convertirse en un simple enunciado de deseos. Por ejemplo, si yo escribiera hoy mi texto final, tal vez dijera algo como esto:

«Esta madrugada, mientras dormía, ha muerto la escritora Rosa Montero a consecuencia de un fallo cardíaco. Montero, de ochenta y tres años, acababa de regresar de Vancouver, en donde había presentado su última novela, y se encontraba trabajando en un libro de cuentos. Activa, curiosa, vitalista e inquieta hasta el final, la escritora hacía gimnasia todos los días, estaba estudiando un curso de Historia Medieval en la Complutense, seguía viajando con frecuencia y mantenía un ritmo de vida que sus numerosos amigos solían calificar de "trepidante"...». Y todo por el estilo. En fin.

Ensueños pueriles aparte, lo cierto es que resulta curioso pensar en cómo nos gustaría que nos recordaran. No ya desde el punto de vista personal, no ya nuestros amigos y nuestra familia, que poseen un recuerdo emocional, sino desde la perspectiva profesional, desde el exterior. Esto es, ¿qué me gustaría que dijeran de mí como escritora?

Un día que me encontraba muy desesperada porque la novela que estaba escribiendo se me resistía, Jorge Enrique Adoum, el célebre autor ecuatoriano, me envió por e-mail una elocuente frase que me consoló, haciéndome entender mejor la naturaleza del trabajo narrativo. Es de los hermanos Goncourt y dice así: «La literatura es una facilidad innata y una dificultad adquirida». Y sí, es verdad, es exactamente eso. Supongo que se puede aplicar a todas las actividades artísticas y no sólo a la literatura, pero en cualquier caso es algo que la narrativa cumple por completo. Todos los novelistas que conozco son personas que han tenido una facilidad innata para escribir; y todos los novelistas que me interesan han luchado toda su vida contra esa facilidad. La construcción de la propia obra es un constante esfuerzo por escribir desde la frontera de lo que no sabes. Hay que huir de lo que uno domina, de los lugares comunes personales, de lo conocido: «La única influencia de la que uno debe defenderse es la de uno mismo», decía con toda razón Bioy Casares. Y Rudyard Kipling aconsejaba a los escritores noveles: «En cuanto veas que aumentan tus facultades, intenta algo que te parezca imposible». No hay cosa más penosa que un novelista que se copia a sí mismo.

Isaiah Berlin dice que hay dos tipos de escritores, los erizos y los zorros. Los primeros se hacen una rosca y siempre le dan vueltas al mismo tema, mientras que las raposas son animalejos itinerantes que avanzan sin parar por asuntos distintos. No es una división valorativa, sino simplemente descriptiva. Es decir, un autor zorro no tiene que ser necesariamente mejor que un autor erizo, porque rumiar incesantemente la misma cosa no implica una repetición forzosa; antes al contrario, los buenos escritores erizos ahondan y ahondan en el tema, como quien inserta un berbiquí en una madera. Un ejemplo es Proust, ese erizo total, siempre hecho un ovillo en su eterna cama de hipocondríaco, siempre deambulando por los alrededores de su única obra, primero con *Jean Santeuil*, que no es más que un ensayo general, juvenil y fallido, y luego con la monumental y maravillosa *En busca del tiempo perdido*.

Una vez aclarado esto, debo confesar que yo me considero una raposa al cien por cien, desde la trufa de mi negro hocico hasta mis patitas andariegas. Camino y camino de novela en novela descubriendo paisajes inesperados. E intento no conformarme, no repetirme. Lo que hace que cada libro sea más difícil de escribir que el anterior. No sé si aguantaré en esa frontera por mucho tiempo: es un lugar incómodo y los humanos, incluidos los de espíritu zorruno, somos unos bichos bastante débiles. Por eso, si pienso hoy qué me gustaría que pusieran en mi necrología, creo que me bastaría con que pudieran decir: «Nunca se contentó con lo que sabía».

# 13

Supongo que no tengo más remedio que hablar del enojoso tema de las mujeres.

Llevo treinta años haciendo entrevistas a los demás, como periodista, y veinticinco años siendo entrevistada como escritora. En este tiempo ha habido dos preguntas que me han planteado hasta la saciedad, hasta la desesperación, hasta la ira. No exagero: quizá me las hayan formulado unas mil veces, en toda Latinoamérica, en Estados Unidos, en España y en el resto de Europa; en los medios de comunicación o durante los coloquios de los actos públicos. Por eso, cada vez que alguien vuelve a plantearme una de esas cuestiones, veo rojo y me entran unas atrabiliarias ganas de rugir y bufar. Esas dos fatídicas preguntas son: ¿Existe una literatura de mujeres? y ¿Qué prefieres ser, periodista o escritora? Y supongo que, dada la pertinaz curiosidad que estos temas suscitan, debo hacer un esfuerzo y volver a contestarlos en este libro.

En el transcurso de un simpósium internacional sobre la literatura de mujeres, celebrado en la Universidad de Lima en 1999, dije por vez primera en público una frase que luego he visto repetir a otros convertida en un tópico colectivo. Que se me perdone la jactancia (ay, la vanidad) de reclamar la autoría de la frase, pero quizá sea la única ocasión en la que un pensamiento mío adquiera vida propia y pase a formar parte de los dichos anónimos de una sociedad. Y lo que dije fue: Cuando una mujer escribe una novela protagonizada por una mujer, todo el mundo considera que está hablando sobre mujeres; mientras que cuando un hombre escribe una novela protagonizada por un hombre, todo el mundo considera que está hablando del género humano.

No tengo ningún interés, absolutamente ninguno, en escribir sobre las mujeres. Quiero escribir sobre el género humano, pero da la casualidad de que el cincuenta y uno por ciento de la Humanidad es de sexo femenino; y, como yo pertenezco a ese grupo, la mayoría de mis protagonistas absolutos son mujeres, del mismo modo que los novelistas varones utilizan por lo general personajes principales masculinos. Y ya va siendo hora de que los lectores hombres se identifiquen con las protagonistas mujeres, de la misma manera que nosotras nos hemos identificado durante siglos con los protagonistas masculinos, que eran nuestros únicos modelos literarios; porque esa permeabilidad, esa flexibilidad de la mirada, nos hará a todos más sabios y más libres.

Pero tendré que remontarme hasta el principio, hasta el muy tedioso abecé del tema, y volver a contar una vez más las mismas obviedades. Para empezar por la primera: no, no existe una literatura de mujeres. Uno puede hacer la prueba de leerle a otra persona fragmentos de novelas, y estoy segura de que el oyente no atinará con el sexo de los autores más allá del mero acierto estadístico. Una novela es todo lo que el escritor es: sus sueños, sus lecturas, su edad, su lengua, su apariencia física, sus enfermedades, sus padres, su clase social, su trabajo... y también su género sexual, sin duda alguna. Pero eso, el sexo, no es más que un ingrediente entre muchos otros. Por ejemplo, en el mundo occidental de hoy el hecho de ser mujer o ser hombre impone menos diferencias de mirada que el hecho de provenir de un medio urbano o de un medio rural. Por lo tanto, ¿por qué se habla de literatura de mujeres y no de literatura de autores nacidos en el campo, o de literatura de autores con minusvalías físicas, pongamos por caso, que seguro que te dan una percepción de la realidad radicalmente distinta? Lo más probable es que yo tenga mucho más que ver con un autor español, varón, de mi misma edad y nacido en una gran ciudad, que con una escritora negra, sudafricana y de ochenta años que haya vivido el *apartheid*. Porque las cosas que nos separan son muchas más que las que nos unen.

Me considero feminista o, por mejor decir, antisexista, porque la palabra feminista tiene un contenido semántico equívoco: parece oponerse al machismo y sugerir, por tanto, una supremacía de la mujer sobre el hombre, cuando el grueso de las corrientes feministas no sólo no aspiran a eso, sino que reivindican justamente lo contrario: que nadie resulte supeditado a nadie en razón de su sexo, que el hecho de haber nacido hombres o mujeres no nos encierre en un estereotipo. Pero mi preferencia por el término *antisexista* no quiere decir que reniegue de la palabra *feminista*, que puede ser poco precisa, pero está llena de historia y resume siglos y siglos de esfuerzos de miles de mujeres y hombres que lucharon por cambiar una situación social aberrante. Hoy todos somos herederos de esta palabra: hizo que el mundo se moviera y me siento orgullosa de seguir utilizándola.

Ahora bien, el hecho de considerarte feminista no implica que tus novelas lo sean. Detesto la narrativa utilitaria y militante, las novelas feministas, ecologistas, pacifistas o cualquier otro *ista* que pensarse pueda, porque escribir para dar un mensaje traiciona la función primordial de la narrativa, su sentido esencial, que es el de la búsqueda del sentido. Se escribe, pues, para aprender, para saber; y una no puede emprender ese viaje de conocimiento llevando previamente las respuestas consigo. Más de un buen autor se ha echado a perder por su afán doctrinario; aunque a veces, en algunos casos especiales, se da la circunstancia de que el propio talento salva al escritor de la ceguera de sus prejuicios. Como le sucedió, por ejemplo, a Tolstoi, que era un hombre extremadamente retrógrado y machista. De hecho, se planteó escribir *Ana Karenina* a modo de ejemplo moral de cómo la modernidad destruía la sociedad tradicional rusa; pretendía explicar que el progreso era tan inmoral y disolvente que las mujeres ¡incluso cometían adulterio! La novela partió de este prejuicio arcaico, pero luego el poderoso don narrativo de Tolstoi, su *daimon*, sus *brownies*, le sacaron del encierro de su ideología y le hicieron rendirse a la *verdad* de las mentiras literarias. De ahí que en su novela terminara emergiendo lo contrario de lo que pretendía: la hipocresía social, la victimación de Ana, la injusticia del sexismo.

Por lo demás, ningún *daimon* parece estar dispuesto a salvar de sus prejuicios a los críticos, académicos, enciclopedistas y demás personajes de la cultura oficial. Quiero decir que, si bien en el mundo occidental la situación ha mejorado muchísimo, la cultura oficial sigue siendo machista. En los simpósiums suele seguirse citando a las escritoras como un capítulo aparte, un parrafito anejo a la conferencia principal («Y, en cuanto a la literatura de mujeres...»); apenas si aparecemos en las antologías, en los sesudos artículos universitarios, en los resúmenes de fin de año o década o siglo que suelen hacer de cuando en cuando los medios de comunicación. No estamos suficientemente representadas en las academias o en las enciclopedias, ni se nos suelen encargar las ponencias *serias* en los encuentros internacionales. Los críticos son a menudo tremendamente paternalistas y muestran una inquietante tendencia a confundir la vida de la escritora con su obra (cosa que no les pasa con los novelistas varones), a ver en todas las novelas de mujeres una literatura contemplativa y sin acción (aunque sea el *thriller* más trepidante) y, desde luego, como decíamos al principio, a pensar que aquello que escribe una mujer trata tan sólo de mujeres y es, por consiguiente, material humano y literario de segunda. Por fortuna también esa retrógrada cultura oficial se va feminizando; cada día hay más eruditas, críticas y profesoras universitarias, y eso está cambiando la situación; pero algunas de estas profesionales se empeñan en hacer reseñas, antologías y estudios literarios desaforadamente feministas, es decir, ideologizados hasta el dogmatismo y, desde mi punto de vista, casi tan sexistas y contraproducentes como el prejuicio machista. Aunque parten desde la orilla contraria, también ellas piensan que lo que escribe una mujer trata tan sólo de mujeres.

Recordemos que las mujeres vivíamos en un vertiginoso abismo de desigualdad hasta hace muy poco. No se nos dejó ni siquiera estudiar en la universidad hasta bien entrado el siglo XX; no se nos ha dejado votar hasta hace unos setenta años (en Francia, en 1944, por ejemplo); durante muchísimo tiempo, en fin, no podíamos trabajar, ni viajar solas, ni tener autonomía legal. Venimos del infierno, de un horror muy cercano que parece habérsenos olvidado; y estoy hablando tan sólo del mundo occidental, que es el que ha evolucionado; en las dos terceras partes del planeta, la mujer sigue siendo un ser carente de derechos.

Con semejante panorama es natural que hubiera muy pocas escritoras. Ya se sabe que, según las modernas teorías, es bastante probable que muchas de las obras anónimas sean el producto literario de una mujer, que no podía dar a conocer su autoría; por otra parte, un buen número de escritoras se ampararon en seudónimos masculinos para poder trabajar y publicar. Como George Eliot, o George Sand, o nuestra Fernán Caballero, o la misma Isak Dinesen; o usaron el nombre de sus maridos, convirtiéndose así en sus sufridas *negras* literarias, como en el caso de los primeros libros de Colette, firmados por Willy, o toda la obra de nuestra María Lejárraga, publicada bajo el nombre de Martínez Sierra, el inútil cónyuge, que se hizo pasar durante todo el siglo XX (la superchería se ha descubierto hace muy poco) por un autor teatral de gran éxito. Siendo como eran excepcionales en su entorno, la mayoría de ellas intentaban escribir *como hombrecitos*. En sus obras medio periodísticas, George Sand, por ejemplo, llegaba a hablar de sí misma como si fuera varón, en una especie de travestismo narrativo, porque no había modelos expresivos femeninos que pudiera utilizar. Si se hubiera puesto a sí misma como mujer, el texto hubiera resultado demasiado chirriante, demasiado chocante para los lectores, se hubiera salido de la convención narrativa del momento. Esto es importante: durante muchos años, al no tener modelos literarios, culturales y artísticos femeninos, la mujer creadora tendió a mimetizar la mirada masculina.

Esa mirada, por otra parte, es también la nuestra en gran medida. Es evidente que mujeres y hombres de una misma época y una misma cultura compartimos infinidad de cosas, que tenemos mitos y fantasmas comunes. Sin embargo, las mujeres poseemos un pequeño núcleo de vivencias específicas por el hecho de ser mujeres, de la misma manera que los hombres poseen su rincón especial. Por ejemplo: los varones se han pasado milenios construyendo literariamente unos modelos de mujer que en realidad no se corresponden con cómo somos nosotras, sino con cómo nos ven ellos, a través de las diversas fantasías de su subconsciente: la mujer como peligro (la vampiresa que chupa la energía y la vida del hombre), la mujer tierra-maga-madre, la mujer niña-guapa-tonta estilo Marilyn... No hay nada que objetar a todo esto, porque esos prototipos existen de verdad dentro de la cabeza de los hombres y sacarlos a la luz enriquece la descripción del mundo y el entendimiento de lo que todos somos.

Pues bien, ahora a las mujeres nos toca hacer lo propio. Entre todas estamos también sacando al exterior nuestras imágenes míticas de los hombres. Ellos nos ven así, pero nosotras, ¿cómo les vemos en nuestro subconsciente? ¿Y qué forma artística se les puede dar a esos sentimientos? Y éste no es el único tema específicamente femenino. Citaré otro asunto que está emergiendo ahora de las profundidades de la mente de las mujeres: ¿cómo nos sentimos de verdad, en lo más hondo, frente a la maternidad y la no maternidad? ¿Qué mitos, qué sueños y qué miedos se ocultan ahí, y cómo podemos expresarlos? Sólo un ejemplo más: la menstruación. Resulta que las mujeres sangramos de modo aparatoso y a veces con dolor todos los meses, y resulta que esa función corporal, tan espectacular y vociferante, está directamente relacionada con la vida y con la muerte, con el paso del tiempo, con el misterio más impenetrable de la existencia. Pero esa realidad cotidiana, tan cargada de ingredientes simbólicos (por eso los pueblos llamados primitivos suelen rodear la menstruación de complejísimos ritos), es sin embargo silenciada y olímpicamente ignorada en nuestra cultura. Si los hombres tuvieran el mes, la literatura universal estaría llena de metáforas de la sangre. Pues bien, son esas metáforas las que las escritoras tenemos que crear y poner en circulación en el torrente general de la literatura. Ahora que, por primera vez en la historia, puede haber tantas escritoras como escritores; ahora que ya no somos excepciones, ahora que nuestra participación en la vida literaria se ha normalizado, disponemos de una total libertad creativa para nombrar el mundo. Y hay unas pequeñas zonas de la realidad que sólo nosotras podemos nombrar.

Y lo estamos haciendo. Es un proceso natural, acumulativo, automático. Todos los escritores intentamos definir, describir, ordenar con palabras nuestro espacio; y a medida que el entorno en el que vives cambia, el relato difiere. Por ejemplo, para poder construir por primera vez un arquetipo cultural de lo que es la vida en alta mar, de lo que es perderse en el océano y luchar contra la enormidad y las inclemencias, tienes que haberlo conocido. Melville fue marinero; se enroló en un par de barcos balleneros, uno de ellos tan atroz que desertó. Por eso supo contarlo. Por eso pudo inventarse a Moby Dick. Ahora bien: cuando generaciones y generaciones de escritores han conseguido dar forma pública y literaria a un tema, cuando lo han logrado convertir en un mito expresivo, esa realidad ya pasa a ser material común de todos los humanos. Porque leer es una forma de vivir. Quiero decir que yo, que detesto embarcarme, que nunca he estado en alta mar y me mareo incluso en el *vaporetto* de Venecia, podría sin embargo escribir una narración que incluyera ingredientes marinos, porque conozco lo que es eso gracias a mis lecturas; y no hablo de la jerga técnica, de saber qué es un obenque o dónde está la jarcia mayor, sino de lo profundo, del sentimiento que lo oceánico despierta en el corazón de los humanos. De la misma manera, a medida que las mujeres novelistas vayamos completando esa descripción de un mundo que antes sólo existía en nuestro interior, lo iremos convirtiendo en patrimonio de todos; y los varones también podrán utilizar las metáforas sangrientas como si fueran suyas, o intentarán adaptarse a nuestros modelos de hombre, como muchas mujeres intentan parecerse a los modelos de mujer que ellos han inventado. Así de poderosa es la imaginación.

En cuanto a la otra pregunta repetitiva y tediosa, «¿qué prefieres ser, periodista o escritora?», debo decir que, de entrada, está mal planteada. Hay muchos tipos de periodismo: de dirección y de edición, de televisión, de radio... Y ésos son trabajos muy distintos a lo que yo hago. El periodismo al que me dedico, que es el escrito, de *plumilla*, de articulista y reportera, es un género literario como cualquier otro, equiparable a la poesía, a la ficción, al drama, al ensayo. Y puede alcanzar cotas de excelencia literaria tan altas como un libro de poemas o una novela, como lo demuestra *A sangre fría*, de Truman Capote, esa obra monumental que en realidad no es ni más ni menos que un reportaje. Por otra parte, es muy raro el escritor que cultiva un solo género; lo habitual es que se sea, por ejemplo, poeta y ensayista, narrador y dramaturgo... Yo me considero una escritora que cultiva la ficción, el ensayo y el periodismo. No sé por qué parece sorprender a la gente que compagines periodismo y narrativa, cuando es algo de lo más común. Si repasamos la lista de los escritores de los dos últimos siglos, por lo menos la mitad, y probablemente más, han sido periodistas. Y no me refiero ya a Hemingway y García Márquez, que son los nombres tópicos que siempre se citan, sino a Balzac, George Eliot, Oscar Wilde, Dostoievski, Graham Greene, Dumas, Rudyard Kipling, Clarín, Mark Twain, Italo Calvino, Goethe, Naipaul y muchísimos más, tantos que no acabaríamos nunca de nombrarlos.

De hecho esta pregunta sólo puede haber sido formulada en el siglo XX, más aún, en la segunda mitad del siglo XX, porque antes las fronteras entre lo periodístico y lo narrativo eran sumamente borrosas. Los escritores realistas y naturalistas del siglo XIX documentaban sus novelas con la misma meticulosidad que el periodista de hoy se documenta para un reportaje. Dickens se presentó en varios internados ingleses, haciéndose pasar por el tutor de un posible pupilo, para enterarse de las condiciones de vida de esas instituciones y poder describirlas en *Nicholas Nickleby;* y Zola se hizo un viaje a Lourdes en el sórdido tren de enfermos (y tomó notas de todo, desde el nombre y los síntomas de las enfermedades hasta la rutina ferroviaria de la peregrinación) y lo describió punto por punto en una novela. En aquella época, la gente leía los libros de ficción como quien lee un periódico, convencida de que estaban llenos de verdades literales, o sea, de ese tipo de verdades que podrían ser autentificadas por un notario. Fue la llegada de la sociedad de la información y de la imagen, fue la irrupción de la fotografía, el cine, los documentales y sobre todo la televisión, lo que cambió el sentido de lo narrativo y estableció unas fronteras más o menos precisas entre el periodismo y la ficción, convirtiéndolos en dos géneros literarios diferenciados.

Todos los géneros poseen sus normas y, en principio, habría que atenerse a esas reglas para hacerlos bien. No puedes escribir una obra de teatro como si fuera un ensayo, porque probablemente sería aburridísima; y no debes escribir un ensayo como si fuera poesía, porque es muy posible que le falte rigor. Del mismo modo, no puedes escribir una novela como si fuera periodismo, o harás una mala novela, ni periodismo como si fuera ficción, porque harás mal periodismo. Luego, claro, todos estos límites pueden ser ignorados y traspasados cientos de veces, porque además hoy la literatura está viviendo un tiempo especialmente mestizo en el que predomina la confusión de géneros: este mismo libro que estoy escribiendo es un ejemplo de ello. Pero para poder romper los moldes hay que conocerlos previamente, de la misma manera que, para poder hacer cubismo, antes había que saber pintar de modo convencional (Picasso *dixit*).

Y así, hay que tener muy claro que el periodismo y la narrativa son géneros muy distintos e incluso antitéticos. Por ejemplo, en periodismo la claridad es un valor: cuanto menos confusa y menos equívoca sea una pieza periodística, mejor será. Y en novela, en cambio, lo que vale es la ambigüedad. Quizá podríamos decir, para resumir la diferencia fundamental, que en periodismo hablas de lo que sabes y en narrativa de lo que no sabes que sabes. Personalmente, en fin, yo me siento sobre todo novelista. Empecé escribiendo ficciones, unos cuentos horrorosos de ratitas que hablaban, a los cinco años de edad; y, si me hice periodista, fue por tener una profesión que no se alejara demasiado de mi pasión de narradora. Puedo imaginarme fácilmente sin ser periodista, pero no me concibo sin las novelas. Si se me acabara ese tumulto de ensueños narrativos, ¿cómo me las iba a arreglar para seguir levantándome de la cama todos los días?

# 14

A los dieciocho años de edad, viviendo todavía en casa de mis padres, una noche conocí la oscuridad. Fue después de cenar; yo estaba todavía sentada a la mesa, que ya había sido despejada; sola en el cuarto, contemplaba aburridamente la televisión. Y entonces, sin ningún aviso previo, sucedió. La realidad se alejó de mí, o más bien yo me salí de la realidad. Empecé a ver la habitación como algo ajeno a mí, físicamente distante, inalcanzable, como si estuviera contemplando el mundo con un catalejo (eso, luego me enteré, se llama *el efecto túnel*). De repente yo estaba fuera de las cosas, me había *caído* de la vida. Inmediatamente sentí, como es natural, un terror pánico. Creo que jamás había experimentado tanto miedo en mi vida. Me castañeteaban los dientes y las rodillas me temblaban de tal modo que apenas si podía ponerme en pie. No entendía nada, no sabía qué me pasaba, sólo podía pensar que estaba loca y eso acrecentaba mi horror. Y además era incapaz de explicar lo que me sucedía: cómo, diciendo qué, a quién, si los demás se habían quedado todos lejos, muy lejos, al otro lado del túnel de mi mirada. Era una situación que rompía todas las convenciones expresivas, una pesadilla diurna e inefable.

Yo, que siempre había vivido en un nido de palabras, me había quedado atrapada en el silencio.

La sensación aguda de ajenidad se pasó en unos minutos, pero dejó el mundo cubierto por un fino velo de irrealidad, como si la esencia de las cosas se hubiera debilitado; y yo me quedé asustadísima, muerta de miedo de que el miedo volviera. Volvió, por supuesto: en los meses siguientes tuve algunas crisis más, sola en mitad de la calle, o en una clase de la universidad, o mientras estaba con amigos... Dejé de ir al cine y a sitios públicos grandes y ruidosos, porque fomentaban la sensación de extrañamiento. Y seguía sin poder hablarlo con nadie. En mi época y mi clase social, ni se me ocurrió ir a un psicólogo, y por supuesto no tomé ningún medicamento. Mi madre, que me veía fatal, me recomendó que dejara de tomar café, cosa que hice. Fue un consejo sensato, después de todo, aunque no sirviera de gran cosa. Poco a poco, con el tiempo, regresé a la normalidad. Entretanto había decidido estudiar la especialidad de Psicología en la universidad, para intentar entender lo que me había sucedido. Esto es algo muy habitual: yo diría que la inmensa mayoría de los psiquiatras y psicólogos que hay en el mundo son individuos que han tenido problemas mentales. Lo cual no me parece necesariamente negativo, porque esa experiencia puede darles una mayor sensibilidad para su trabajo. Lo malo es que muchos de ellos se hacen psiquiatras o psicólogos no para desentrañar qué les sucede, sino para amurallarse contra sus miedos, en el pueril convencimiento de que, al ser los sanadores, no pueden ser al mismo tiempo los enfermos.

De modo que estudié Psicología y, en efecto, llegué a entender lo que me había pasado. Había tenido un ataque de angustia, el desorden psíquico más habitual; ahora lo suelen llamar eufemísticamente estrés y es una verdadera vulgaridad por lo mucho que abunda. Saber que era algo muy común me ayudó mucho; volví a tener una época de crisis en torno a los veintidós años y otra más, la última, en torno a los treinta, pero ambas fueron bastante menos agudas que la primera. Terminé perdiendo el miedo al miedo y aceptando que la vida posee un porcentaje de negrura con el que hay que aprender a convivir. Hoy he llegado a considerar aquellas crisis como un verdadero privilegio, porque fueron una especie de excursión extramuros, un pequeño viaje de turismo por el lado salvaje de la conciencia. Mis angustias me permitieron atisbar la oscuridad; y sólo si has estado ahí, aunque sea tan superficial y brevemente como yo lo estuve, puedes entender lo que supone vivir en el otro lado. En ese lugar aterrador al que no llegan los otros, exiliado de la realidad común, encerrado en el silencio y en ti mismo. Mis angustias, en fin, me hicieron más sabia.

Los llamados *locos* son aquellos individuos que residen de modo permanente en el lado sombrío: no consiguen insertarse en la realidad y carecen de palabras para expresarse, o bien sus palabras interiores no coinciden con el discurso colectivo, como si hablaran un lenguaje alienígena que ni siquiera puede traducirse. La esencia de la locura es la soledad. Una soledad psíquica absoluta que produce un sufrimiento insoportable. Una soledad tan superlativa que no cabe dentro de la palabra soledad y que no puede ser imaginada si no se ha conocido. Es como estar en el interior de una tumba enterrado vivo. «Cuando, según se cuenta, el zar Pedro I pronunciaba contra algún enemigo de su poderosa nobleza la sentencia: *Yo te hago loco*, el poder de la palabra y la palabra del poder, en este caso, acababan convirtiéndole en tal, pues, al tratarle todos los demás como demente, el desgraciado vivía la realidad de la sinrazón y perdía toda cordura», explicó Carmen Iglesias en el ya mencionado discurso de ingreso en la Academia. Y es un ejemplo perfecto. La locura es vivir en el vacío de los demás, en un orden que nadie comparte.

Durante mucho tiempo creí que escribir podía rescatarte de la disolución y la negrura, porque supone un sólido puente de comunicación con los demás y anula, por lo tanto, la soledad mortífera: por eso necesitas publicar y que te lean; por eso el fracaso total puede deshacer al escritor, como deshizo a Robert Walser. Luego comprendí que aquellos a quienes llamamos *locos* están a menudo más allá de todo rescate (salvo, quizá, del rescate químico: las nuevas drogas están haciendo milagros), y que la literatura sólo podía proteger a aquellos que nos encontrábamos a este lado o bien en la zona fronteriza, como tal vez fuera el caso de Walser. Por último, hace algunos años empecé a pensar que, en algunas ocasiones excepcionales, la literatura podía resultar incluso perjudicial para el autor. Eso sucede cuando lo que escribes empieza a formar parte del delirio; cuando la loca de la casa, en vez de ser una inquilina alojada en nuestro cerebro, se convierte en el edificio entero, y el escritor en un prisionero dentro de él.

Eso le ocurrió, por ejemplo, a Arthur Rimbaud, ese poeta deslumbrante que redactó toda su obra antes de cumplir los veinte años. Fue excéntrico y extraño desde pequeño y tuvo modos de auténtico chiflado: en 1871, con dieciséis años, no se lavaba, no se peinaba, iba vestido como un mendigo, grababa blasfemias a punta de cuchillo en los bancos del parque, merodeaba por los cafés como un lobo sediento intentando que alguien le invitara a una copa, contaba a grandes voces cómo disfrutaba sexualmente con las perras vagabundas y llevaba siempre en la boca una pipa con la cazoleta boca abajo. Poco después de esto se trasladó a París y conoció a Paul Verlaine, otro poeta exquisito y un perfecto tarado, alcohólico y violento. Se enamoraron tórrida y venenosamente el uno del otro, y durante un par de años se las apañaron para hacerse la vida imposible. Se pegaban, se insultaban, se amenazaban, se acuchillaban las manos en los cafés. Y al mismo tiempo escribían sin parar. Rimbaud desarrolló la teoría literaria del Vidente. «Yo soy otro», decía, y con ello tal vez intentaba convertir su íntimo sentimiento de enajenación en una clarividencia homérica, en un don sagrado y redentor. Se pasaba el día estudiando libros de ocultismo y llegó a creer que podía fundirse con Dios con ayuda de las drogas y de la magia. Ya digo, incluyó su escritura en el delirio. Para peor, se agarraba unas bárbaras cogorzas de absenta y ajenjo y masticaba haschish a todas horas (por entonces esta droga aún no se fumaba); lo hacía de modo concienzudo y voluntarista, ansioso de romper los lazos con la poca racionalidad que le quedaba, para poder dar el salto hacia la divinidad. Todo esto le llevó a un estado de constante ofuscación: veía salones rutilantes en el fondo de los lagos y creía que las fábricas del extrarradio de París eran mezquitas orientales.

Tanto la relación amorosa como el estado mental de los dos poetas se fueron deteriorando rápidamente. En 1873, Verlaine intentó matar a Rimbaud y le pegó tres tiros: sólo atinó uno y en la mano. Rimbaud terminó en el hospital, Verlaine en la cárcel (donde pasó dos años) y el escándalo arruinó la vida de ambos porque hizo pública y notoria su homosexualidad, cosa inadmisible en aquella época; incluso los amigos de Verlaine, poetas y supuestamente bohemios, le excluyeron de la antología de versos parnasianos que estaban preparando, en castigo a su condición de sodomita. Rimbaud, que se apresuró a publicar su libro *Una temporada en el infierno* por ver si así recuperaba algún prestigio, fue completamente ninguneado por aquel París cruel y represivo. Su teoría del Vidente había fallado: no sólo no se había convertido en Dios, sino que se encontraba más sepultado que nunca en lo demoníaco. En noviembre de 1875, Arthur Rimbaud quemó sus manuscritos y dejó de escribir para siempre jamás. Tenía veintiún años.

Mucho tiempo después, su hermana le preguntó que por qué había abandonado la escritura; y él contestó que seguir con la poesía le habría vuelto loco. Por eso no le bastó el silencio, sino que, después de haber sido todo palabras (y de que las palabras multiplicaran su delirio), intentó ser todo actos y nada más que actos. Es decir, intentó convertirse en un hacedor. Quiso encontrar la cordura por medio de una vida básica, de ese tipo de vida que, a fuerza de ser desnuda y difícil, parece más real.

Fue capataz de canteras y maestro albañil en Chipre; viajó por Somalia y Etiopía, y en Harar se empleó en una empresa de comerciantes de café. Trabajaba como un galeote y era de una austeridad aterradora: apenas si comía y sólo bebía agua. Exploró regiones africanas desconocidas; se hizo traficante de armas y hay quien dice que también traficó con esclavos. Era un personaje conradiano, torturado y enigmático, que huía de sí mismo. Pero no pudo correr lo suficiente. En 1891, estando en un remoto rincón de África, empezó a sentir unos dolores espantosos en la rodilla. Era un cáncer de huesos. Le amputaron la pierna desde la ingle (mutilaron al poeta mutilado) pero no sirvió de nada. El tumor le dejó prácticamente paralizado y tardó en devorarle nueve agónicos meses. Rimbaud se los pasó llorando a lágrima viva, en parte por el insoportable sufrimiento físico, pero también de pena por haber vivido semejante vida. Cuando murió tenía treinta y siete años.

De manera que al bello y truculento Arthur Rimbaud escribir le volvía loco. Claro que en su caso estamos hablando de poesía, no de narrativa. La novela es un artefacto literario mucho más sensato. La novela construye, estructura, organiza. Pone orden al caos de la vida, como dice Vargas Llosa. Es mucho más difícil que una novela contribuya al desquiciamiento de su autor. Aun así, también hay novelas que acaban siendo una alucinación. El formidable Philip K. Dick terminó creyendo que sus novelas formaban parte de un complicadísimo plan mundial y que Dios las había puesto en su mente para revelarle que la Humanidad estaba atrapada en un espejismo, porque en realidad vivíamos todavía en el Imperio Romano. Y empezó a actuar conforme a lo que había escrito en sus anteriores libros.

Pero me parece que el desorden psíquico más común entre los novelistas es la mitomanía. Algunos escritores no parecen tener del todo claras las diferencias existentes entre las mentiras de las novelas y aquellas otras mentiras que ellos cuentan en su vida real. Estos autores suelen adornar sus propias biografías con hechos portentosos, todos falsos, convirtiéndose a sí mismos en los más elaborados personajes salidos de su fantasía. Como sucedió con André Malraux, según cuenta Olivier Todd. Malraux se inventó su propia vida; por ejemplo, falseó su currículo escolar y dijo que sabía griego y sánscrito y que había hecho unos estudios orientales, todo ello producto de su imaginación. Además, se fabricó una reputación de magnífico luchador de la Resistencia francesa, cuando en realidad se unió a ella casi a finales de la guerra. Todo lo adornaba Malraux; a todo le añadía brillo y épica. Lo mismo hacía Hemingway, que era un mitómano fanfarrón y desagradable; aseguraba que había combatido en la Primera Guerra Mundial con las prestigiosas tropas de choque italianas, pero lo cierto es que lo hirieron tras pasar pocas semanas en el frente y siempre como conductor de ambulancias; y mintió como un bellaco negando los consejos, la ayuda y la enorme influencia que su amigo Fitzgerald había tenido en sus primeros libros. Otro ejemplo es Emilio Salgari; escribió decenas de novelas llenas de trepidantes aventuras exóticas, de mares bravíos y singladuras épicas, pero fue un pobre hombre que quiso ser marino y no pudo, porque le suspendieron en la academia; que sólo se subió un par de veces a un barco en toda su vida, y que apenas si se movió de Italia. Tuvo una existencia tristísima: estaba comido por las deudas, su mujer enloqueció y él era un depresivo. Terminó suicidándose, pero lo más terrible es que su mitomanía le llevó a imitar a los héroes orientales que tanto admiraba: se abrió el vientre en canal con un mísero estilete y luego se rajó la garganta, en una atroz escenificación de la muerte por harakiri de los samuráis.

Con todo, sigo pensando que escribir te salva la vida. Cuando todo lo demás falla, cuando la realidad se pudre, cuando tu existencia naufraga, siempre puedes recurrir al mundo narrativo. Ahora que lo pienso, tal vez no sea casual que mis crisis de angustia desaparecieran poco después de empezar a publicar mis novelas, completando así un circuito de comunicación con el mundo; llevaba publicando en la prensa desde los dieciocho años, pero el periodismo carece de esa capacidad estructuradora. «Si no escribieras, te volverías loco», le dijo Naipaul a Paul Theroux al principio de su relación amistosa. Creo que la mayoría de los novelistas percibimos que nuestro equilibrio depende de algún modo de nuestra obra. Que esos libros a lo mejor mediocres o malísimos, como los de Erich Segal, forman parte de nuestra sustancia más constante y más sólida. La escritura es un esqueleto exógeno que te permite continuar en pie ortopédicamente cuando sin ello serías una gelatina derrotada, una blanda masa aplastada en el suelo (claro que mi amigo Alejandro Gándara le dio un día una inquietante vuelta a este argumento cuando contestó: «No, la literatura puede ser una excusa para seguir siendo una gelatina sin hacer nada por remediarlo»).

Resulta curioso que la escritura pueda funcionar a modo de dique de las derivas psíquicas, porque, por otra parte, te pone en contacto con esa realidad enorme y salvaje que está más allá de la cordura. El escritor, al igual que cualquier otro artista, intenta echar una ojeada fuera de las fronteras de sus conocimientos, de su cultura, de las convenciones sociales; intenta explorar lo informe y lo ilimitado, y ese territorio desconocido se parece mucho a la locura. De niños, todos estamos *locos;* esto es, todos estamos poseídos por una imaginación sin domesticar y vivimos en una zona crepuscular de la realidad en la que todo resulta posible. Educar a un niño supone limitar su campo visual, empequeñecer el mundo y darle una forma determinada, para que se adapte a las normas específicas de cada cultura. Ya se sabe que la realidad no es algo objetivo; en la Edad Media, la realidad convencional incluía la existencia de ángeles y demonios, y por consiguiente los ciudadanos *veían* ángeles y demonios; pero si hoy nuestro vecino nos dijera que acababa de encontrarse en la escalera con el diablo, nos parecería un completo chiflado. La realidad no es más que una traducción reductora de la enormidad del mundo y el loco es aquel que no se acomoda a ese lenguaje.

De manera que crecer y adquirir la sensatez del ciudadano adulto implica de algún modo *dejar de saber cosas* y perder esa mirada múltiple, caleidoscópica y libre sobre la vida monumental, sobre esa vida total que es demasiado grande para poder manejarla, como la ballena es demasiado grande para poder ser vista por completo. Ya lo dijo James M. Barrie, el autor de *Peter Pan:* «No soy lo bastante joven para saberlo todo». Ahora bien, los escritores, los artistas y en general los creadores de todo tipo (y hay muchas maneras de crear, desde las muy modestas a las muy importantes) mantienen cierto contacto con el vasto mundo de extramuros; unos simplemente se asoman al parapeto y echan una rápida ojeada, otros realizan comedidas excursiones por el exterior y algunos emprenden largos y arriesgados viajes de exploración de los que quizá no regresen jamás.

Y esto me hace pensar en John Nash, ese matemático genial cuya vida ha inspirado la película *Una mente maravillosa*, protagonizada por Russell Crowe. Como es sabido, en la década de los cincuenta y siendo aún muy joven, el norteamericano Nash inventó una teoría del juego revolucionaria que se convirtió en la base de las matemáticas de competición. Pero entonces, a los treinta años, cuando su destino se auguraba espléndido, se colapsó en un delirio esquizofrénico paranoico. Esto es, se convirtió en un loco oficial. Durante años fue internado a la fuerza en diversos psiquiátricos y le sometieron a métodos terapéuticos tan brutales como el choque insulínico. Pasó prácticamente treinta años fuera del mundo, preso de furiosos delirios y sin poder valerse por sí mismo. Pero al final, poco a poco, fue librándose de sus alucinaciones o tal vez acostumbrándose de manera heroica a convivir con ellas. Sea como fuere, recuperó una cotidianeidad más o menos normal y un puesto docente en la Universidad de Princeton. Poco después, en 1994, le dieron el Premio Nobel de Economía. Obtuvo el galardón por sus trabajos de juventud, antes del colapso; pero lo cierto es que incluso durante los años de locura Nash fue capaz de hacer de cuando en cuando importantes hallazgos matemáticos. Los fármacos de nueva generación tal vez contribuyeran a la remisión de sus síntomas, pero el solo hecho de haber sobrevivido como persona a un historial de psiquiatrización como el suyo es algo prodigioso. Su hermosa y poderosa mente le condujo a la catástrofe, pero también le ayudó a salvarse.

Lo más emocionante de esta tremenda historia es lo que Nash escribió en su autobiografía, un largo texto redactado en 1994 a raíz de la concesión del Premio Nobel. Primero reconoce humildemente que pasó varios años viviendo en el engaño paranoide y en la alucinación fantasmagórica, hasta que al fin fue aprendiendo a rechazar intelectualmente, con un gran esfuerzo de la voluntad, ese submundo de sombras devastadoras: «De manera que en estos momentos parece que estoy pensando de nuevo racionalmente, al modo en que lo hacen los científicos», explica Nash con prudencia. Pero añade: «Sin embargo, esto no es algo que me llene totalmente de alegría, como sucedería en el caso de estar enfermo físicamente y recuperar la salud. Porque la racionalidad de pensamiento impone un límite en el concepto cósmico que la persona tiene». Y pone el ejemplo de Zaratustra, que puede ser tomado por un lunático por aquellos que no creen en sus enseñanzas; pero fueron precisamente esas enseñanzas, es decir, esa chifladura, lo que le permitió ser Zaratustra, y pasar a la posteridad, y crear una manera de contemplar el misterio del mundo. Nash, en fin, seguía estando conmovedoramente orgulloso de su locura, de esa explosión de imaginación sin domeñar que era la llave del universo; si había abandonado sus alucinaciones, era solamente porque dolían demasiado. Sin duda, cuando estaba enajenado era incapaz de discernir la realidad y de controlar su vida y sufría enormemente por todo ello; pero al mismo tiempo sus delirios eran la otra cara de su genialidad, de su creatividad desenfrenada y maravillosa, como si formaran parte del mismo lote, como si se tratara de un don muy hermoso, pero también perverso, de los dioses. «Cuando recobro la razón, me vuelvo loco», dice Julio Ramón Ribeyro en sus diarios: cuando abandonas los delirios creativos, las fantasmagorías de la imaginación, la realidad resulta insoportable.

Por eso don Quijote prefiere morir. Cervantes cierra su obra con un desenlace aparentemente convencional y retrata a un hidalgo enfermo que, en sus últimas horas, reniega de su imaginación desbordante. En el momento de la verdad de la agonía habría visto la luz de la Razón. Pero lo que en realidad está sucediendo es lo contrario: no es que se esté muriendo y por eso recupere la cordura, sino que ha renunciado a la imaginación y por eso se muere. Sus desvaríos le duelen demasiado, como a Nash, y ya no tiene fuerzas para seguir con ellos. Pero, a diferencia del matemático, tampoco tiene fuerzas para seguir sin ellos. Un parlamento del lúcido Sancho Panza revela patéticamente cuál es la verdadera tragedia a la que estamos asistiendo: «¡Ay! —respondió Sancho, llorando—. No se muera vuestra merced, señor mío, sino tome mi consejo y viva muchos años, porque la mayor locura que puede hacer un hombre en esta vida es dejarse morir, sin más ni más, sin que nadie le mate, ni otras manos le acaben que las de la melancolía. Mire no sea perezoso, sino levántese de esa cama, y vámonos al campo vestidos de pastores, como tenemos concertado; quizá tras de alguna mata hallaremos a la señora Dulcinea desencantada». En algún recóndito lugar de su huesudo pecho, también don Quijote debía de estar orgulloso de sus delirios.

Y es que los humanos no sólo somos más pequeños que nuestros sueños, sino también que nuestras alucinaciones. La imaginación desbridada es como un rayo en mitad de la noche: abrasa pero ilumina el mundo. Mientras dura ese chispazo deslumbrante intentamos atisbar la totalidad, eso que algunos llaman Dios y que para mí es una ballena orlada de crustáceos. Después de todo, tal vez Rimbaud no desbarrara tanto cuando aspiraba a fundirse con lo divino. En la pequeña noche de la vida humana, la loca de la casa enciende velas.

## 15

No conozco a ningún novelista que no padezca el vicio desaforado de la lectura. Somos, por definición, bichos lectores. Roemos las palabras de los libros de manera incesante, al igual que la carcoma empeña todo su ser en devorar madera. Además, para aprender a escribir hay que leer mucho; por ejemplo, George Eliot poseía una vastísima cultura y leía a Homero y a Sófocles en griego y a Cicerón y Virgilio en latín: yo soy incapaz de una proeza semejante y ésta puede ser una de las razones por las que escribo peor que ella. En su precioso ensayo *Letra herida*, Nuria Amat propone a los escritores una pregunta cruel que consiste en decidir entre dos mutilaciones, dos catástrofes: si, por alguna circunstancia que no viene al caso, tuvieras que elegir entre no volver a escribir o no volver a leer nunca jamás, ¿qué escogerías? En los últimos años he planteado esta inquietante cuestión, a modo de juego, a casi todos los autores con los que me he ido topando por el mundo, y he descubierto dos cosas interesantes. La primera, que una abrumadora mayoría, por lo menos el noventa por ciento y puede que más, escogen (escogemos: yo también) seguir leyendo. Y la segunda, que este juego de apariencia inocente es un buen revelador del alma humana, porque tengo la sensación de que muchos de aquellos escritores que dicen preferir la escritura son gentes que cultivan más su propio personaje que la verdad.

Y es que, ¿cómo puede una apañárselas para vivir sin la lectura? Dejar de escribir puede ser la locura, el caos, el sufrimiento; pero dejar de leer es la muerte instantánea. Un mundo sin libros es un mundo sin atmósfera, como Marte. Un lugar imposible, inhabitable. De manera que mucho antes que la escritura está la lectura, y los novelistas no somos sino lectores desparramados y desbordados por nuestra ansiosa hambruna de palabras. Hace poco escuché hablar en público, en Gijón, a la escritora argentina Graciela Cabal, en una intervención divertidísima y memorable. Vino a decir (aunque ella se expresaba mejor que yo) que un lector tiene la vida mucho más larga que las demás personas, porque no se muere hasta que no acaba el libro que está leyendo. Su propio padre, explicaba Graciela, había tardado muchísimo en fallecer, porque venía el médico a visitarle y, meneando tristemente la cabeza, aseguraba: «De esta noche no pasa»; pero el padre respondía: «No, qué va, no se preocupe, no me puedo morir porque me tengo que terminar *El otoño del patriarca*». Y, en cuanto que el galeno se marchaba, el padre decía: «Traedme un libro más gordo».

—Mientras tanto, no hacían más que morirse compañeros de papá que estaban sanísimos, por ejemplo un pobre señor que sólo fue al médico a hacerse un chequeo general y ya no salió —añadía Graciela—. Y es que la muerte también es lectora, por eso aconsejo ir siempre con un libro en la mano, porque así cuando llega la muerte y ve el libro se asoma a ver qué lees, como hago yo en el colectivo, y entonces se distrae.

Graciela tiene razón: uno no sólo escribe, sino que también lee contra la muerte. Los relatos más maravillosos que conozco sobre el sentido de la narrativa incluyen siempre esa dimensión fantasmagórica del enfrentamiento contra la Desdentada. Como la historia-marco de *Las mil y una noches*, el cuento de la Sherezade que cuenta cuentos. Por cierto que estoy convencida de que este libro caótico, maravilloso e inmenso, que comprende unas tres mil páginas escritas a lo largo de un milenio, oculta a más de una mujer entre sus diversos autores anónimos. Porque, junto a pasajes estremecedoramente machistas (las mujeres de *Las mil y una noches* son azotadas, pateadas, esclavizadas, degolladas, narcotizadas, apaleadas, insultadas, raptadas y violadas a mansalva), hay numerosos relatos muy feministas, como las aventuras de Ibriza, la princesa guerrera, o la hermosa y culminante historia de Sharazad o Sherezade, que sin duda debería ser nombrada la santa patrona de los novelistas.

Recordemos el relato: Sahriyar era un monarca sasánida que reinaba en las islas de la India y de China, dondequiera que esto sea. Su hermano menor, Sah Zamán, era el rey de Samarcanda, que por lo menos tiene la ventaja de ser un lugar que sabemos dónde está. Un día Sah Zamán descubrió que su esposa le engañaba con un esclavo negro (todas las *Noches* están llenas del terror a la potencia sexual de los esclavos negros), y, tras ejecutar a ambos, se marchó a ver a su hermano. Allí constató que también la esposa de Sahriyar traicionaba al rey con el consabido siervo de color. Entonces los dos hermanos, desesperados, se fueron por el mundo. Llegaron a la orilla del mar y vieron salir de las aguas a un *efrit*, es decir, a un genio, que transportaba un baúl en su cabeza. El *efrit* abrió el cofre, dejó salir a una dama hermosísima y luego se echó a dormir. La dama descubrió a los dos reyes y les obligó a hacer el amor con ella («alanceadme de un potente lanzazo») con la amenaza de despertar al genio si se negaban. Después les pidió los anillos y los añadió a un collar en el que ya estaban enfiladas quinientas setenta sortijas; y entonces explicó que el *efrit* la había raptado y que la mantenía prisionera en el fondo del mar metida en el baúl; pero que ella, para vengarse, hacía el amor con todos los hombres que encontraba, porque «cuando una mujer desea algo lo consigue».

Sahriyar y Sah Zamán regresaron a la corte del primero horrorizados ante la maldad femenina; que el *efrit* se dedicara a raptar y violar doncellas, en cambio, les dejó tan campantes. Nada más volver, el rey Sahriyar degolló convenientemente a su esposa y a su amante y decidió no volver a confiar en las mujeres. De modo que desfloraba todas las noches a una joven virgen y por la mañana la mandaba matar. En este horrible quehacer transcurrieron tres años y las gentes de su reino «estaban desesperadas y huían con sus hijas, y no quedó ni una sola muchacha». Llegó un día en el que el visir fue incapaz de encontrar una nueva virgen para su rey, por lo que temió que su hora hubiera sonado. En ese momento apareció en escena la hija del visir, Sharazad, una muchacha que sumaba a su belleza una enorme cultura, porque «había leído libros, historias, biografías de los antiguos reyes y crónicas de las naciones antiguas. Se dice que había llegado a reunir mil volúmenes».

Esta inteligente doncella se ofreció a pasar la noche con el rey asesino: «Si vivo, todo irá bien, y si muero, serviré de rescate a las hijas de los musulmanes y seré la causa de su liberación». Se propuso contarle historias al monarca y dejar la narración en el momento más álgido, de manera que el rey, movido por la curiosidad, pospusiera su ejecución. Para ello requirió la ayuda de su hermana pequeña, Dunyazad, que en otras versiones es la nodriza del rey, y que quedó encargada de pedirle a Sharazad que contara un cuento. Esta Dunyazad representa la solidaridad de las hembras, esa complicidad fraternal femenina mediante la cual Sharazad aspiraba a liberar a las mujeres. Porque lo que pretendía la princesa era salvarnos a todas, y no sólo de la degollina decretada por el rey, sino de la incomprensión de los hombres, de la brutalidad y la violencia. Ni qué decir tiene que, al cabo de las mil y una noches de conversación y convivencia, el rey había tenido tres hijos con Sharazad, se había enamorado de ella y había superado su horrible instinto asesino. De modo que la imaginación no sólo puede vencer a la muerte (o al menos conquistar un aplazamiento de la condena), sino que también nos cura, nos sana, nos hace ser mejores y más felices.

Hay otro cuento-emblema, otro cuento-metáfora que me gusta muchísimo sobre la capacidad salvadora de la imaginación; me lo recomendó leer Clara Sánchez, cosa que aún le agradezco. Trata de la pintura y no de la narrativa, pero en el fondo es lo mismo. Es un relato de Marguerite Yourcenar titulado «Cómo se salvó Wang-Fô» y está inspirado en una antigua leyenda china. El pintor Wang-Fô y su discípulo Ling erraban por los caminos del reino de Han. El viejo maestro era un artista excepcional; había enseñado a Ling a ver la auténtica realidad, la belleza del mundo. Porque todo arte es la búsqueda de esa belleza capaz de agrandar la condición humana.

Un día Wang y Ling llegaron a la ciudad imperial y fueron detenidos por los guardias, que les condujeron ante el emperador. El Hijo del Cielo era joven y bello, pero estaba lleno de una cólera fría. Explicó a Wang-Fô que había pasado su infancia encerrado dentro del palacio y que, durante diez años, sólo había conocido la realidad exterior a través de los cuadros del pintor. «A los dieciséis años vi abrirse las puertas que me separaban del mundo; subí a la terraza del palacio para mirar las nubes, pero eran menos hermosas que las de tus crepúsculos (...). Me has mentido, Wang-Fô, viejo impostor: el mundo no es más que un amasijo de manchas confusas, lanzadas al vacío por un pintor insensato, borradas sin cesar por nuestras lágrimas. El reino de Han no es el más hermoso de los reinos y yo no soy el emperador. El único imperio donde vale la pena reinar es aquel en donde tú penetras».

Por este desengaño, por este amargo descubrimiento de un universo que, sin la ayuda del arte y la belleza, resulta caótico e insensato, el emperador decidió sacar los ojos y cortar las manos de Wang-Fô. Al escuchar la condena, el fiel Ling intentó defender a su maestro, pero fue interceptado por los guardias y degollado al instante. En cuanto a Wang-Fô, el Hijo del Cielo le ordenó que, antes de ser cegado y mutilado, terminase un cuadro inacabado suyo que había en palacio. Trajeron la pintura al salón del trono: era un bello paisaje de la época de juventud del artista.

El anciano maestro tomó los pinceles y empezó a retocar el lago que aparecía en primer término. Y muy pronto comenzó a humedecerse el pavimento de jade del salón. Ahora el maestro dibujaba una barca, y a lo lejos se escuchó un batir de remos. En la barca venía Ling, perfectamente vivo y con su cabeza bien pegada al cuello. La estancia del trono se había llenado de agua: «Las trenzas de los cortesanos sumergidos ondulaban en la superficie como serpientes, y la cabeza pálida del emperador flotaba como un loto». Ling llegó al borde de la pintura; dejó los remos, saludó a su maestro y le ayudó a subir a la embarcación. Y ambos se alejaron dulcemente, desapareciendo para siempre «en aquel mar de jade azul que Wang-Fô acababa de inventar».

Sólo una historia más, otra leyenda bellísima. La cuenta Italo Calvino en su libro de ensayos literarios *Seis propuestas para el próximo milenio*. Calvino la sacó de un cuaderno de apuntes del escritor romántico francés Barbey d'Aurevilly, quien a su vez la sacó de un libro sobre la magia; la cultura es siempre así, capa tras capa de citas sobre citas, de ideas que provocan otras ideas, chisporroteantes carambolas de palabras a través del tiempo y del espacio. El cuento dice lo siguiente: el emperador Carlomagno, siendo ya muy anciano, se enamoró de una muchacha alemana y empezó a chochear de manera penosa. Estaba tan arrebatado de pasión por la joven que descuidaba los asuntos de Estado y se ponía en ridículo, con el consiguiente escándalo en la corte. De pronto, la muchacha falleció, cosa que llenó de alivio a los nobles. Pero la situación no hizo sino empeorar: Carlomagno ordenó que embalsamaran el cadáver y que lo llevaran a su aposento, y no se separaba de su muerta ni un instante. El arzobispo Turpín, espantado ante el macabro espectáculo, sospechó que la obsesión de su señor tenía un origen mágico y examinó el cuerpo de la chica; debajo de la helada lengua encontró, en efecto, un anillo con una piedra preciosa. El arzobispo sacó la joya del cadáver y, en cuanto que lo hizo, Carlomagno ordenó enterrar a la muchacha y perdió todo interés en ella; en cambio, experimentó una fulminante pasión por el arzobispo, que era quien ahora poseía el anillo. Entonces el atribulado y acosado Turpín decidió arrojar la sortija encantada al lago Constanza. Y el emperador se enamoró del lago y pasó el resto de su vida junto a la orilla.

Calvino cuenta esta leyenda como ejemplo de una historia bien narrada, breve, sustancial y directa. Pero a mí lo que de verdad me gusta del relato es que es un símbolo perfecto de la necesidad de trascendencia de los humanos, de esa ansia por salirnos de nosotros y fundirnos con lo absoluto: un afán imposible pero espléndido que basta para justificar una vida. Incluso la gran vida de un gran emperador. Nuestra imaginación, ese talismán secreto que se oculta, qué casualidad, bajo la lengua, inviste de belleza lo que toca. Soñamos, escribimos y creamos para eso, para intentar rozar la hermosura del mundo, que es tan inabarcable como el lago Constanza. Me imagino al anciano Carlomagno sentado en una ladera, junto a la orilla, envuelto en su viejo manto imperial para protegerse del húmedo aliento de las aguas y sumido en la melancólica contemplación de su lago-ballena. Así pasamos todos la vida, añorando aquello que es más grande que nosotros, el polvo de estrellas que un día fuimos.

# 16

Por cierto que, si hablamos de mujeres, no podemos dejar de mencionar a las esposas de los escritores, una añeja institución literaria que afortunadamente está en franco proceso de extinción; y digo afortunadamente no porque tenga nada en contra de dichas esposas, sino porque su existencia es la consecuencia de un mundo machista y arbitrario en el que las mujeres, en vez de ser algo por sí mismas, tienen que conformarse con ser una especie de apéndice de sus parejas. O lo que es lo mismo: en vez de vivir para su propio deseo, viven para el deseo de los demás. En Occidente, ese esquema sexista está evolucionando a gran velocidad, y hoy hay muchas más mujeres escritoras que *mujeres de escritores*, un cambio radical que, curiosamente, no ha dado origen al espécimen *esposo de escritora*. Los cónyuges de las autoras, salvo raras excepciones que probablemente pertenezcan más al reino de lo fabuloso, van a su mera bola y pasan bastante de colaborar en el empeño creativo de sus mujeres (cuando no compiten directamente contra ellas por el tiempo que invierten en el tonto hobby literario). Una actitud que, después de todo, tal vez no esté tan mal y contribuya al equilibrio de la pareja, pero que a veces resulta un poco desoladora y fatigosa. Quiero decir que en más de una ocasión me hubiera gustado tener una esposa.

Por otra parte, no todas las mujeres que están emparejadas con un literato pertenecen, ni mucho menos, a esta antigua categoría. La *esposa del escritor* es aquella señora usualmente capaz y bien dotada que ha decidido empeñar toda su inquietud artística y su ambición (que suelen ser muy grandes) en el enaltecimiento de su marido. Su propia gloria, como la de un satélite, dependerá del reflejo de la luz del varón, y por consiguiente se afanan en poner al marido incandescente. La *esposa del escritor*, en fin, es una criatura formidable capaz de desplegar múltiples talentos. Tan pronto pasa en limpio los textos de su marido (enrevesados, caóticos, ilegibles para todos menos para ella), antaño a mano, luego a máquina, ahora en ordenador, un trabajo siempre tedioso y abnegado, como negocia astuta y férreamente los intereses de su hombre con editores, agentes o banqueros. Se ocupa de las finanzas literarias, de reclamar pagos, renovar contratos, ordenar las ediciones, vigilar las traducciones, organiza los viajes, acompaña al marido en sus desplazamientos haciendo las veces de un *manager on road*. Se encarga de las relaciones públicas, atiende a la prensa, maneja a los académicos que proponen conferencias y a los estudiantes que pretenden escribir tesis. Envía fotos, libros dedicados, currículos, cartas, textos para la solapa de los libros, faxes, e-mails, contesta al teléfono, bloquea y regula el acceso al escritor, rodeándole de una burbuja protectora, para que el Gran Hombre pueda dedicar todo su tiempo y su energía a crear la Gran Obra. Además, lee una y otra vez todos los días, de manera ferviente e incansable, todas las versiones sucesivas de todos los textos del Gran Hombre, comentándolos convenientemente, ofreciendo su apoyo, su admiración, su entusiasmo, en ocasiones incluso algún buen consejo literario. Y, por añadidura, se preocupa de todo lo demás, a saber, de la intendencia y el gobierno de la casa, de que el Gran Hombre coma bien y duerma bien y no sea molestado mientras escribe; de los niños, si los hubiere, y de las mascotas de los niños. Algunas incluso le compran la ropa a su marido. De sólo intentar enumerar sus tareas me siento extenuada.

Las *esposas de los escritores* son a menudo el terror de los agentes, de los editores, de los periodistas, de los académicos y a veces hasta de los amigos del autor. Todos ellos suelen refunfuñar a sus espaldas (les tienen mucho miedo) que Fulanita es de armas tomar y que tiene poco menos que secuestrado a Fulanito, su marido. Por ejemplo, de Mercedes, la mujer de García Márquez, he llegado a leer en un periódico que es «la leona que lo guarda». Leonas o gatas, defienden con fiereza sus derechos, duramente adquiridos con el sudor de su frente. Faltaría más que, después de haber dedicado toda su vida y su inteligencia a hacer crecer la obra y el nombre del marido (como quien hace crecer una plantación de maíz o cría una vaca), los demás las intentasen arrumbar o ningunear. Lo digo de verdad: me parece justo que la *esposa del escritor* posea de algún modo al escritor, porque entre los dos han construido un animal simbiótico. Lo cual no implica que todas las mujeres que apacientan a un literato sean unas personas estupendas; de hecho, algunas de estas esposas superlativas son unas señoras espantosas.

Pero nunca es menos espantoso el caballero al que parasitan, que se beneficia del asunto y lo fomenta.

Sin embargo, la mala fama siempre se la llevan ellas, en general de la manera más injusta. Estoy pensando, por ejemplo, en Fanny Vandegrift, la mujer de Robert Louis Stevenson, que ha pasado a la posteridad con la imagen de una vieja bruja (era once años mayor que él), de una loca estúpida que se apropió de su marido enfermo y que le torturó con su afán de posesión y sus manías, cuando lo cierto es que era una señora fascinante y formidable que probablemente salvó la vida del escritor. Basta con acercarse a la realidad e investigar un poco los datos históricos (como hizo Alexandra Lapierre en su interesantísima biografía sobre Fanny) para darse cuenta de que su mala imagen carece de base y es más bien un producto del machismo, de los celos y de la incomprensión que suscitaba la personalidad rompedora de esta mujer, nacida en Estados Unidos en 1840, que fue capaz de divorciarse de su primer marido cuando nadie se divorciaba, de venirse a Europa a aprender pintura en un medio bohemio, de enamorarse de un hombre más joven y de casarse con él contra la opinión de todo el mundo.

Fanny era increíble. A los dieciséis años se marchó al Oeste salvaje con su primer marido, un mentecato que había comprado una mina de plata. En la región había tan sólo cincuenta y siete mujeres blancas para cuatro mil rudos mineros y, por si esto fuera poco, de cuando en cuando sufrían violentas incursiones de los indios *shoshones.* Durante varios años, Fanny fue una agreste pionera que fumaba sin parar, manejaba los naipes como un tahúr y llevaba al cinto un pistolón enorme con el que era capaz de volarle la cabeza a una serpiente de cascabel a bastantes metros de distancia. En cuanto a Stevenson, cuando se casaron en 1880 (ella tenía cuarenta años, él veintinueve) después de innumerables sufrimientos y aventuras, el escritor era un enfermo terminal, con apenas cuarenta y cinco kilos de peso y masivas hemorragias pulmonares que le impedían el habla. De hecho, se le veía tan moribundo que el abogado de Fanny les regaló, como presente de boda, una siniestra urna funeraria.

Pero no se murió, gracias, sin duda, a los exquisitos cuidados que le prodigaba su mujer. Durante ocho años vivieron en Gran Bretaña y de esa época proviene el odio que los amigos de Stevenson desarrollaron por Fanny. Porque ella era una enfermera muy celosa: obligaba a todos los visitantes a enseñar su pañuelo y no dejaba pasar a nadie que mostrara síntomas de estar acatarrado. Era una actitud extremada pero muy juiciosa, porque el más mínimo contagio desencadenaba terribles hemorragias que podían resultar mortales. Lo malo es que, como por entonces todavía no se había demostrado que las enfermedades se podían transmitir a través de microbios, los amigos la consideraron una loca maniática.

Stevenson no sólo logró sobrevivir gracias a su mujer, sino que además con ella fue capaz de escribir todas sus obras importantes, como *La isla del tesoro* y *El extraño caso del doctor Jekyll y Mr. Hyde*. Por cierto que Fanny criticó la primera versión del *Doctor Jekyll* como carente de profundidad alegórica y sugirió que reforzara la dualidad del personaje. Stevenson se puso hecho un basilisco y la insultó, porque, además de tener ese amor propio en carne viva habitual en todos los escritores, discutía a menudo con su esposa (los dos tenían un carácter ardiente); pero al poco rato regresó a la sala y le dio la razón; y, tras arrojar el borrador al fuego, volvió a redactar la novela entera. Vivieron juntos, en fin, durante quince años, hasta la temprana y súbita muerte de Robert Louis en la isla de Samoa, a consecuencia de una hemorragia cerebral, en 1894. Ocho años más tarde, la viuda Fanny volvió a rehacer su vida con el dramaturgo y guionista de Hollywood Ned Field, un chico listo y guapo de veintitrés años (ella tenía sesenta y tres). Vivieron felizmente juntos once años hasta la muerte de Fanny; esto lo digo a cuento de su reputación de «vieja bruja». Por lo visto, en realidad fue una mujer muy atractiva y conservó su encanto hasta muy mayor.

Otro caso clamorosamente injusto es el de la pobre Sonia Tolstoi, que fue capaz de convivir durante cuarenta y ocho años con el energúmeno de Leon Tolstoi, que era un loco feo, un individuo insoportable y mesiánico, sin duda genial pero también brutal, un profundo reaccionario, un machista feroz: «Su actitud con las mujeres es de una terca hostilidad. Nada le gusta tanto como maltratarlas», dijo de él Máximo Gorki. Sin duda Tolstoi maltrató a Sonia, que, pese a todo, le amaba. Cuidaba de él como una esclava, soportaba sus desprecios y sus insultos, copiaba en limpio todos sus escritos (miles de páginas ilegibles), le aconsejaba literariamente, le recibía todas las noches en su cama, se embarazó de él dieciséis veces. Sonia, que era una gran lectora, estaba segura de que su marido era un genio, y esa convicción endulzaba su vida, por lo demás amarga.

Su matrimonio siempre fue desastroso, pero para colmo empeoró. A los cuarenta y nueve años, Tolstoi padeció su famosa crisis; sufrió una tremenda depresión, entró en una especie de delirio iluminado, se convirtió en un gurú y empezó a predicar la abstinencia sexual (aunque seguía preñando a su mujer) y la pobreza absoluta (aunque continuó viviendo en su finca como un pachá). Además, cayó en manos de Chertkov, un personaje siniestro, guapo y frío, veinte años más joven que Tolstoi, que se convirtió en el primer discípulo del gurú. A medida que el escritor envejecía, Chertkov consiguió hacerse con su voluntad; posiblemente Tolstoi se había enamorado platónicamente de él. El intrigante Chertkov quería desembarazarse de Sonia, que le estorbaba en sus planes de mangoneo; de manera que malmetió y mintió. Consiguió que Tolstoi le entregara sus diarios privados, en los que recogía todas las menudencias de su larguísima vida con Sonia y las impertinentes críticas que el egocéntrico escritor había dedicado a su mujer.

Como es natural, Sonia se desesperó: ¡toda esa intimidad traicionada con un extraño, aún peor, con un enemigo! Ella creía tener derecho a guardar esos diarios: a fin de cuentas, eran la compensación de toda su vida dedicada a Tolstoi, de esa existencia de sometimiento. Y además estaba el problema de la posteridad: porque Sonia *sabía* que habría una posteridad, sabía que la fama de su marido les sobreviviría. Tenía miedo de que Chertkov usara esas anotaciones hirientes de Leon contra ella para dejarla en mal lugar, y lo peor es que estaba en lo cierto, porque durante muchos años, y todavía hoy, Sonia ha pasado y pasa por ser una arpía, el tormento del pobre

Tolstoi; para comprender que fue justo al contrario, recomiendo leer el hermosísimo libro de William L. Shirer *Amor y odio*. En fin, resumiendo un largo y triste relato, diré que, a consecuencia de todo esto, Sonia cayó psíquicamente enferma. Tolstoi llevaba chiflado mucho tiempo, pero, como era el gran Tolstoi, un personaje público y un famoso gurú, no *podía* estar loco. De manera que fue ella quien se convirtió en la loca oficial. Durante dos años se puso a perseguir a Tolstoi, se tumbaba desnuda en los campos helados, amenazaba con envenenarse con opio y amoniaco. Al final, el anciano escritor, desesperado, se escapó de su casa. Huyó durante cinco días en el frío invierno, agarró una pulmonía y falleció. En cuanto que su marido desapareció, Sonia dejó de estar loca. Vivió nueve años más, administrando sensatamente las propiedades de la familia, escribiendo sus memorias y litigando contra Chertkov para recuperar la propiedad de los papeles de Tolstoi. Por cierto, le ganó.

Me imagino que, cuando estas mujeres escogen con estupendo olfato a escritores de mérito, para pegarse a ellos y empezar a regarles y podarles con el fin de que les crezcan bien hermosos, lo que tienen en mente es un proyecto mucho más romántico y rosado. Me imagino que lo que desea la típica *esposa de escritor* es convertirse en su musa y alumbrar desde dentro, como un faro, páginas sublimes que deberían redactarse pensando en ella. Sólo que luego la realidad, como sucede siempre, hace que la vida vaya por otro lado y, en vez de ser su musa, la esposa del escritor se convierte en su madre, su enfermera, su secretaria, su criada, su chófer, su ayudante, su agente, su relaciones públicas y quién sabe cuántas cosas más, todas ellas bastante pedestres y rutinarias, pero en realidad mucho más importantes.

Y es que no creo en la existencia de las musas. En primer lugar pienso que el bisbiseo de la creatividad, el susurro del *daimon* y de los *brownies*, siempre te lo ganas a base de esfuerzo (como decía Picasso, que la inspiración te pille trabajando); y además estoy convencida de que los *musos* y musas más efectivos no son los amados reales, sino las ilusiones pasionales. Es decir, la pura fabulación. Cuanto más lejana, más frustrada, más imposible, más irreal, más inventada sea la relación sentimental, más posibilidades tiene de servir de acicate literario. Lo imaginario aviva la imaginación, en fin, mientras que la realidad pura y dura, el ruido inmediato de la propia vida, es una pésima influencia literaria.

## 17

La novela, ya se sabe, es un género fundamentalmente urbano. Las ciudades son verborreicas, están llenas de explicaciones, de instrucciones administrativas, de narraciones, mientras que en el campo impera el silencio; por eso me parece que el laconismo sustancial de la poesía está más relacionado con el medio rural, y de ahí que la lírica haya entrado en crisis en la sociedad occidental, cada vez más ciudadana.

La novela, al igual que la ciudad, posee un afán innato de orden y estructura. El urbanizador diseña cuadrículas de calles rectas, pone nombres y placas, dibuja planos y clava señales en las esquinas, esforzándose por controlar la realidad; y el narrador intenta atisbar el dibujo final del laberinto y ordenar el caos, dando a las historias una apariencia más o menos inteligible, con su comienzo y su final, con sus causas y sus consecuencias, aunque todos sepamos que en realidad la vida es incomprensible, absurda y ciega. Es cierto que la novela ha cambiado muchísimo: es un género vivo y por consiguiente en perpetua evolución. Hoy no tiene sentido escribir uno de esos formidables novelones del XIX: son demasiado firmes, demasiado convencionales para la sensibilidad actual. El siglo XX demolió la certidumbre de lo real; científicos y filósofos, desde Freud a Einstein, desde Heisenberg a Husserl, nos explicaron que no nos podíamos fiar de lo que veíamos o sentíamos y que ni siquiera eran seguros los pilares elementales de nuestra percepción, como el tiempo, el espacio o el propio yo. Para que la novela funcione hoy en día, para que nos la creamos, tiene que reflejar esa incertidumbre y esa discontinuidad, y por consiguiente la novela actual propone un orden menos férreo que la del XIX. Pero aun así, sigue ordenando el mundo; sigue acotando entre sus páginas la realidad, los personajes, los destinos. Sigue haciendo aprehensible la enormidad confusa, de la misma manera que el plano de una ciudad pretende domesticar la superficie de las cosas. Esa cualidad de flor de asfalto que tiene la narrativa es lo que la ha convertido en el género literario preferido de la época contemporánea, por más que cada dos días surja alguien proclamando sesudamente la muerte de la novela (qué pelmazos).

Con esa obsesión por ordenar, en fin, tan propia del ser humano en general y de lo narrativo en particular, a casi todo el mundo parece habérsele ocurrido alguna vez una manera de clasificar a los escritores. Los profesores de Literatura y demás eruditos universitarios han inventado montones de etiquetas, en general, con perdón, aburridísimas. Pero a los escritores también nos pirra hacer nuestras clasificaciones, que seguramente son más arbitrarias pero que suelen ser más entretenidas. Por ejemplo, Italo Calvino divide a los autores entre escritores de la llama y del cristal. Los primeros construyen su obra desde las emociones; los segundos, desde la racionalidad.

El húngaro Stephen Vizinczey dice que hay dos clases básicas de literatura: «Una ayuda a comprender, la otra ayuda a olvidar; la primera ayuda a ser una persona y un ciudadano libre, la otra ayuda a la gente a manipular a los demás. Una es como la astronomía, otra como la astrología» (este párrafo me recuerda aquella frase que Kafka dijo con veinte años: «Si el libro que leemos no nos despierta, como un puño que golpeara el cráneo, ¿para qué lo leemos?»).

De nuevo Calvino, que era muy prolífico en estas cosas: los escritores pueden dividirse entre aquellos que usan la levedad de la palabra y aquellos que usan el peso de la palabra (Cervantes pertenecería al sector liviano). Ya he citado la estupenda comparación zoológica de Isaiah Berlin, que divide a los autores entre zorros y erizos, entre itinerantes y enroscados sobre sí mismos. Juan José Millás propone otra ingeniosa clasificación animal y dice que los escritores pueden ser insectos o mamíferos. Para ser exactos, son las obras las que entran en estas categorías, y aunque los autores pertenezcan mayoritariamente a uno u otro registro, también pueden escribir ocasionalmente un libro del otro tipo; como, por ejemplo, Tolstoi, que era todo él un grandísimo elefante, pero que redactó *La muerte de Iván Ilich*, un pequeño y hermoso libro-insecto. Y a estas alturas supongo que ya va quedando claro a qué se refiere Millás con sus órdenes animales; son mamíferas aquellas novelas enormes, pesadas, potentes, con errores evolutivos que no sirven para nada (colas atrofiadas, absurdas muelas del juicio y cosas así) pero en conjunto grandiosas y magníficas; mientras que los insectos son aquellas creaciones exactas, perfectas, menudas, engañosamente sencillas, esenciales, en donde no sobra ni falta nunca nada. Y ofrece dos ejemplos: *La metamorfosis* de Kafka, que es evidentemente un escarabajo, y el *Ulises* de Joyce, que Millás elige como mamífero emblemático y que para mí es más bien un reptil, un cocodrilo rastrero que apenas si consigue levantarse sobre sus cuatro patas, porque es una novela que sólo me interesa, y no demasiado, como artefacto modernista.

Existen cientos de clasificaciones más, tantas que sería imposible enumerarlas todas. Yo también me he inventado mis propias categorías; una de ellas, por ejemplo, es la que divide a los escritores entre memoriosos y amnésicos. Los primeros son aquellos que están haciendo un constante alarde de su memoria; probablemente son seres nostálgicos de su pasado, es decir, de su infancia, que es el pasado primordial y originario; sea como fuere, los memoriosos comparten un estilo literario más bien descriptivo, reminiscente, lleno de muebles, objetos y escenarios cargados de significado para el autor y dibujados hasta el más mínimo detalle, porque se refieren a cosas reales pétreamente instaladas en el recuerdo: sillas taraceadas, jarrones venecianos, meriendas veraniegas en apacibles parques.

Los autores amnésicos, en cambio, no quieren o no pueden recordar; seguramente huyen de su propia infancia y su memoria es como una pizarra mal borrada, llena de chafarrinones incomprensibles; en sus libros hay pocas descripciones detallistas y suelen tener un estilo más seco, más cortante. Se concentran más en lo atmosférico, en las sensaciones, en la acción y la reacción, en lo metafórico y emblemático. Un autor obviamente memorioso es el gran Tolstoi (es un escritor tan monumental que puede servir como ejemplo de muchas cosas); un autor amnésico es el maravilloso Conrad de *El corazón de las tinieblas*, una novela que, pese a reproducir casi punto por punto una experiencia real del escritor, no tiene nada que ver con lo rememorativo y lo autobiográfico: cuando Conrad habla de la selva no está describiendo la selva del Congo Belga, sino La Selva como categoría absoluta, y ni siquiera eso, porque esa jungla enigmática y horriblemente ubérrima representa la oscuridad del mundo, la irracionalidad, el mal fascinante, la locura.

A mí me encantan ambos autores, pero si un día un *efrit* bondadoso me concediera el don del genio literario, escogería mil veces antes escribir como Conrad que como Tolstoi, probablemente porque me siento mucho más cerca de su manera de contemplar el mundo. Yo también soy una amnésica perdida; de lo que se deduce, supongo, que yo también estoy huyendo de mi infancia. Sea por esta razón, o porque simplemente tengo deterioradas las neuronas, lo cierto es que mi memoria es catastrófica, hasta el punto de que llego a asustarme de mis olvidos. Libros leídos, personas y situaciones que he conocido, películas vistas, datos que algún día aprendí, todo se confunde y se enreda por ahí dentro. De hecho, cuando transcurre cierto tiempo, pongamos veinte años, de algo que recuerdo, a veces me resulta difícil distinguir si lo he vivido, o lo he soñado, o lo he imaginado, o tal vez lo he escrito (lo cual indica, por otra parte, la fuerza de la fantasía: la vida imaginaria también es vida).

En *Matar a Victor Hugo*, el primer volumen de sus memorias, el periodista y poeta Iván Tubau cuenta que la muerte de Franco le pilló en el festival de cine de Benalmádena. El también periodista Juan Ignacio Francia aporreó la puerta de su habitación a las seis y media de la mañana; venía a comunicarle el fallecimiento del general y a reclamar la botella de champán que los amigos habían metido en la nevera de Tubau en previsión del acontecimiento. En el libro, Francia le dice al somnoliento Iván:

—Vamos a la playa a celebrarlo. Con Rosa Montero, que ya está lista. Y los dos sevillanos. Quedamos en recogerles en su apartamento, un poco más abajo en la ladera, ¿no? En tu dos caballos o en el Mehari de Rosa. Yo creo que cinco cabremos mejor en el Mehari.

Y Tubau continúa diciendo: «Nos fuimos a la playa los cinco en el Mehari de Rosa, nos fumamos unos porros, bebimos el champán, nos hicimos fotos con la cámara de uno de los sevillanos. Nunca volvimos a verlos. Ni vimos las fotos. Tal vez sea mejor así, pero a veces me pica la curiosidad. Creo que en una de las fotos Rosa y yo, o Ignacio y yo —en cualquiera de las hipótesis yo, mea culpa— levantamos el índice y el corazón haciendo la V de la victoria. Todavía me abochorno cada vez que lo pienso».

Estoy segura de que Iván Tubau está en lo cierto cuando cuenta todo esto (sin duda este hombre pertenece al género memorioso, qué tío), pero cuando lo leí me quedé horrorizada, porque yo no recordaba absolutamente nada. Sé que en el momento de la muerte de Franco yo estaba cubriendo el festival de Benalmádena para la revista *Fotogramas;* sé que el festival se interrumpió por duelo oficial un par de días; me acuerdo perfectamente de Juan Ignacio e Iván, dos tipos estupendos a los que por entonces veía bastante, y guardo incluso la vaga memoria de una feliz comida al sol con los amigos, en la terraza de algún chiringuito, devorando pescaditos fritos y disfrutando de una sensación de libertad y alivio, de emocionada y burbujeante expectativa. Pero de aquel viaje a la playa no queda el menor rastro en mi cabeza; no tengo ni idea de quiénes podían ser esos dos sevillanos ni era consciente de que me hubieran hecho fotos ese día. Y, sin embargo, y para mayor escalofrío, era una fecha única, una ocasión histórica. Estoy segura de que, mientras brindaba con champán junto al plácido mar, me decía a mí misma: «Esto no voy a olvidarlo jamás». Así se van perdiendo los días y la vida, en el despeñadero de la desmemoria. La muerte no sólo te espera al final del camino, sino que también te come por detrás.

En fin, como dice la famosa frase, «quienes se acuerdan de los años setenta es que no los han vivido». Creo que yo los viví bastante a fondo y quizá por eso los recuerdo tan mal. Aparte de esto, en ocasiones también recurro a una teoría personal probablemente peregrina pero consoladora: pienso que tal vez la imaginación compita contra la memoria para apoderarse del territorio cerebral. Puede que uno no tenga cabeza suficiente para ser al mismo tiempo memorioso y fantasioso. La loca de la casa, inquilina hacendosa, limpia los salones de recuerdos para estar más ancha.

Hace poco se me despertó un frenesí rememorativo. De pronto sentí la imperiosa necesidad de volver a ver la casa de mi infancia, ese piso modesto y alquilado en el que viví con mi familia desde los cinco años hasta los veintiuno, edad a la que me emancipé. Poco después, mis padres y Martina se mudaron. Otra gente llegó y vivió allí; yo no había vuelto a ver la casa en veinticinco años. Pero ahora *necesitaba* regresar; aunque el lugar estuviera muy cambiado, las paredes seguirían existiendo, así como el estrecho patio que yo contemplaba por la ventana de mi cuarto; y tal vez algún pedacito de mi antiguo yo flotara todavía por allí como el ectoplasma de un fantasma. De manera que escribí una carta dirigida a los «actuales inquilinos», porque lo ignoraba todo sobre los ocupantes; y explicaba que había vivido allí y que por favor me dejaran visitarles. Pocos días después recibí por e-mail la respuesta generosa y amable de los dueños del piso, José Ramón y Esperanza, y concerté una cita para acercarme a verles. Yo no sé qué esperaba encontrar: tal vez mi memoria perdida de redomada amnésica, tal vez mi ignorancia infantil o el oscuro silencio de la familia. Quedamos a mediodía; el portal estaba igual, incluso con las mismas cenefas pintadas en las paredes, pero el ascensor era nuevo: ya en mis tiempos era un cacharro viejo y a menudo roto. Subí en la pequeña caja del elevador, metálica y de color verde quirófano, y en efecto me sentí como si estuviera entrando en un hospital y me fueran a practicar alguna intervención menor: extirpar una reminiscencia, suturar un recuerdo. El piso, un séptimo y último, conservaba la estructura original, pero como es natural no tenía nada que ver con la casa de mi infancia. El suelo, antes de baldosas, era parquet; las viejas ventanas de madera habían sido sustituidas por marcos metálicos. El baño y la cocina eran bonitos y modernos, cuando en mi niñez habían sido tétricos y oscuros. Era una casa luminosa y feliz, la casa de otros, la vida de otros, el pasado de otros. José Ramón y Esperanza, una pareja de mi edad con dos hijas veinteañeras, fueron afectuosos, comprensivos, encantadores. Esperanza, con fina intuición, llegó a decir: «Deberíamos dejarla sola». Es verdad que yo les sentía como intrusos; esa casa era mía, porque era la casa de mi niñez. Daba igual que yo sólo hubiera vivido allí durante dieciséis años y ellos durante veinticinco; o que ellos la hubieran comprado y reformado, mientras que nosotros sólo la alquilamos. Cualquier consideración racional me parecía absurda: esa casa era MÍA. Y, al mismo tiempo, ¿qué le habían hecho estos advenedizos, dónde estaba mi viejo hogar, dónde estaba yo, qué nos había ocurrido? Intenté volver a meterme en mis antiguos ojos de niña para ver el mundo desde allí, pero no pude. El pasado no existe, por mucho que diga Marcel Proust. A punto ya de irme, después de haberme tomado unas cervezas con ellos y de haber charlado en esa sala ajena, Esperanza me dijo que, por debajo del parquet, se mantenían intactas las viejas baldosas. ¡El suelo original, con su cenefa geométrica bordeando las paredes! Ese dibujo había formado parte de muchos de mis juegos infantiles, había aparecido en una escena de mi novela *Te trataré como a una reina* y había sido el origen de otro libro, *Temblor*. Quedé impresionada e inmediatamente mi imaginación me escenificó una fantasía: yo regresando de noche de modo subrepticio y arrancando las tablas de madera hasta sacar a la luz lo único que quedaba de mi niñez: unas feas losetas de terrazo barato. Y esa ensoñación fue un verdadero alivio.

La novela es un artefacto temporal, como la misma vida. Ésta es otra de las características que unen la narrativa a la ciudad: ya se sabe que el concepto moderno del tiempo nació más o menos en el siglo XII con los primeros núcleos urbanos. La novela es una red para cazar el tiempo, como las redes que llevaba Nabokov para cazar mariposas; aunque, por desgracia, tanto los lepidópteros como los fragmentos de temporalidad mueren enseguida cuando son atrapados.

Algunos autores son verdaderamente geniales a la hora de capturar el frágil aleteo de lo temporal. Recuerdo, por ejemplo, esa obra maestra que es *Espejo roto*, de Mercé Rodoreda. La novela abarca sesenta o setenta años de la vida de una familia de la burguesía catalana; en el primer tercio del libro, uno de los personajes, todavía joven e inocente, contempla la calle a través de una ventana y advierte, de pasada, una pequeña imperfección en el cristal, una burbuja que deforma el vidrio, la mancha de azafrán que hace que esa ventana adquiera realidad. Muchos años y muchas páginas más tarde, el mismo personaje, tan envejecido como envilecido, vuelve a contemplar el mundo a través de otra ventana. Pero hete aquí que ese cristal también tiene una tara, también muestra una pequeña burbuja, que al protagonista le recuerda algo, aunque no sabe qué. ¿Dónde había visto él con anterioridad algo semejante? Se estruja la cabeza pero no consigue atraparlo, aunque la pompa de aire le inquieta y le estremece, le rememora paraísos perdidos, promesas traicionadas, felicidades rotas. Es un mensajero del pasado y viene cargado de dolor y de melancolía. Y lo más grande, lo más maravilloso, el truco admirable de esa delicada prestidigitadora que fue Rodoreda, es que el lector siente lo mismo que su personaje; también él rememora vagamente otra burbuja cristalina aparecida con anterioridad en la novela y, aunque no recuerda cuándo ni por qué, siente que estaba relacionada con un tiempo de dicha que ahora ha terminado. En consecuencia, también el lector experimenta la nostalgia infinita, la amarga tristeza de la pérdida.

Todos los escritores ambicionamos atrapar el tiempo, remansarlo siquiera unos momentos en una pequeña presa de castor construida con palabras; a veces te parece estar a punto de lograrlo; a veces el tiempo forma a tu alrededor un remolino y te permite contemplar un ancho y vertiginoso paisaje a través de los años. Recuerdo que sentí algo parecido, por ejemplo, leyendo *Ermitaño en París*, ese libro autobiográfico de Italo Calvino. Como ya he dicho, el volumen incluye el diario que Calvino escribió en 1959, a los treinta y dos años, durante su primer viaje a Estados Unidos. El viaje formaba parte de un programa cultural norteamericano titulado Young Creative Writers que se encargaba de llevar a Estados Unidos a los «jóvenes escritores creativos» de Europa. Los otros agraciados con la beca aquel año habían sido Claude Ollier, francés, treinta y siete años, representante del insoportable *nouveau roman;* Fernando Arrabal, español, veintisiete años, «bajito, con cara de niño, flequillo y barba en forma de collar», y Hugo Claus, belga flamenco, treinta y dos años. Además, había otro autor invitado, Günter Grass, alemán, treinta y dos años, pero no pasó el reconocimiento médico porque tenía tuberculosis y en aquel entonces no podía entrar nadie en Estados Unidos con el bacilo de Koch.

En su diario, Calvino describe a sus compañeros, a los que nadie o casi nadie conocía en esa época. De Ollier apenas dice nada, lo cual no me extraña. De Arrabal (me asombra comprobar que este hombre ha sido joven) anota que «es extremadamente agresivo, bromista de manera obsesiva y lúgubre y no se cansa de bombardearme a preguntas sobre cómo es posible que me interese la política y también sobre qué puede hacer con las mujeres». Y de Hugo Claus dice que «empezó a publicar a los diecinueve y desde entonces ha escrito una cantidad enorme de cosas, y para la nueva generación es el más famoso escritor, dramaturgo y poeta del área lingüística flamenco-holandesa. Él mismo dice que muchas de esas cosas no valen nada, pero es cualquier cosa menos estúpido y antipático, un hombretón rubio con una bellísima mujer actriz de revista».

Resulta muy curioso encontrarse con estas apariciones juveniles de personas a las que luego has tratado, tantos años más tarde. Con el tiempo, Arrabal se ha ido haciendo más pequeñito y más barbudo y ha establecido relaciones con la Virgen; en cuanto a Hugo Claus, sigue siendo un figurón, un perpetuo candidato al Premio Nobel. Le conocí hace algunos años, compartí una comida y algún acto literario con él, y ahora es un simpático y enérgico septuagenario de pelo blanco que sospecho que ha debido de coleccionar varias mujeres bellas. Pero lo más fascinante es que, durante la travesía en barco que les llevaba a Estados Unidos, se produjo el lanzamiento del primer *sputnik*; y Calvino cuenta de pasada que, a las cuatro horas del suceso, Hugo Claus ya había escrito una poesía sobre el satélite «que inmediatamente salió en primera plana en un diario belga». Pues bien, esa pequeña referencia fue para mí como la magdalena proustiana o la burbuja vítrea de Mercé Rodoreda: inmediatamente centré el periodo temporal y me introduje a mí misma en la memoria ajena. Porque uno de los más bellos recuerdos de mi infancia está datado entonces, en las Navidades de 1959. Yo tenía ocho años y aún estaba convaleciente de la tuberculosis, pero aquel día salí a la calle, envuelta en una bufanda y bien abrigada, porque era Nochebuena y cenábamos en casa de mi abuela. Subía por Reina Victoria de la mano de mi madre, con mi padre al lado y mi hermana Martina, cuando de repente nos detuvimos y nos pusimos a contemplar el cielo. Es decir, toda la calle se detuvo y miró para arriba. Era noche cerrada, una noche escarchada, quieta y cristalina, y el cielo estaba abarrotado de estrellas. De pronto, la mano de un hombre se levantó y un dedo señaló, y luego se levantaron otras manos, tal vez la de mi padre, tal vez incluso la mía; y todos los dedos señalaban lo mismo, una estrella más brillante que atravesaba el cielo, una estrellita redonda que corría y corría, sólo que no se trataba de una estrella sino de un satélite artificial, de algo maravilloso y monumental que los humanos habíamos hecho; y en ese mismo momento, mientras yo me derretía de embeleso contemplando esa magia y soñaba con viajar algún día en un *sputnik*, el joven Hugo Claus, al que luego de viejo conocería, escribía un poema sobre la estrella errante, y el joven Calvino, que ya ha muerto, escribía sobre el poema que Claus escribía, y el joven Günter Grass, tuberculoso como yo y deprimido por haber perdido su beca, seguramente contemplaba el satélite con ojos admirados, sin saber aún que algún día haría una gran novela sobre un enano (justamente un enano), y que ganaría el Nobel, y que llegaría por lo menos a los setenta y cinco años, que es la edad que ahora tiene, mientras escribo esto. Pero aquella noche de 1959 yo lo ignoraba todo, aquella noche simplemente miraba absorta el cielo junto con mis padres y mi hermana y otros dos millones de madrileños; y las estrellas derramaban sobre nosotros una luz probablemente fantasmal, la luz de estrellas muertas hace millones de años y que aún nos llegaba palpitando a través del negro y frío espacio; esa misma luz que quizá seguirá pasando por aquí dentro de mucho tiempo, cuando nuestro Sol se haya apagado y la Tierra no sea sino un yerto pedrusco. Y esa luz impasible e imposible, que a su vez algún día también se extinguirá, llevará prendido, como un soplo, el reflejo infinitamente inapreciable de mi mirada.

## 18

Cuando empecé a idear este libro, pensaba que iba a ser una especie de ensayo sobre la literatura, sobre la narrativa, sobre el oficio del novelista. Proyectaba redactar, en fin, una más de esas numerosas obras tautológicas que consisten en escribir sobre la escritura. Luego, como los libros tienen cada uno su propia vida, sus necesidades y sus caprichos, la cosa se fue convirtiendo en algo distinto, o más bien se añadió otro tema al proyecto original: no sólo iba a tratar de la literatura, sino también de la imaginación. Y de hecho esta segunda rama se hizo tan poderosa que, de repente, se apoderó del título del libro. La génesis del título de una obra es un proceso de lo más enigmático. Si todo marcha bien, el título aparece un día a medio camino del desarrollo del texto; se manifiesta de golpe dentro de tu cabeza, deslumbrante, como la lengua de fuego del Espíritu Santo, y te aclara e ilumina lo que estás haciendo. Te dice cosas sobre tu libro que antes ignorabas. Yo me enteré de que estaba escribiendo sobre la imaginación cuando cayó sobre mí la frase de Santa Teresa.

Pero las cosas no terminaron ahí. Seguí con mi camino de palabras, con esa larga andadura que es la construcción de un texto, y un día, hace relativamente poco, advertí que no sólo estaba escribiendo sobre la literatura y sobre la imaginación, sino que este libro también trata otro tema fundamental: la locura. Claro, me dije cuando me di cuenta, era algo evidente, tenía que haber estado más atenta, tenía que haber escuchado todas las enseñanzas que se derivaban del título. *La loca de la casa.* No es una frase casual y sobre todo no es una frase banal. Sin duda la imaginación está estrechamente emparentada con lo que llamamos locura, y ambas cosas con la creatividad de cualquier tipo. Y ahora voy a proponer una teoría alucinada. Supongamos que la locura es el estado primigenio del ser humano. Supongamos que Adán y Eva vivían en la locura, que es la libertad y la creatividad total, la exuberancia imaginativa, la plasticidad. La inmortalidad, porque carece de límites. Lo que perdimos al perder el paraíso fue la capacidad de contemplar esa enormidad sin destruirnos. «Si desde las estrellas ahora llegara el ángel, imponente / y descendiera hasta aquí, / los golpes de mi corazón me abatirían», decía Rilke, que sabía que los humanos estamos incapacitados para mirar la belleza (lo absoluto) cara a cara. El castigo divino fue caer en el encierro de nuestro propio yo, en la racionalidad manejable pero empobrecida y efímera.

Por eso los seres humanos han usado drogas desde el principio de los tiempos: para intentar escapar de la estrecha cárcel de lo cultural, para echarle una ojeada al paraíso. ¡Pero si incluso nuestro archiabuelo Noé se emborrachaba hasta la inconsciencia! Recuerdo ahora a Aldous Huxley, que, en su lecho de muerte y a punto de entrar en la agonía, pidió que le inyectaran una dosis de LSD. Siempre me espeluznó esta macabra y arriesgada idea de morir en ácido: ése sí que es un mal viaje del que no se regresa. Pero, por otra parte, si al fallecer estaba drogado como un piojo, ¿acaso llegó a experimentar de verdad su fin? ¿No estaba ya en el otro lado, en esa realidad inmensa en donde nadie muere? De hecho, dicen que, con o sin LSD, en todo fallecimiento sucede algo parecido. Que el cerebro libera una descarga masiva de endorfinas, que nos drogamos a nosotros mismos, y de ahí que las personas que han regresado de las fronteras de la muerte cuenten todas vivencias semejantes: la intensidad, la amplitud de percepción, la propia existencia vislumbrada en su totalidad, como iluminada por un rayo sobrehumano de entendimiento... Es una especie de delirio, pero también es la sabiduría sin trabas. Es la ballena contemplada de cuerpo entero. Por eso muchos pueblos han considerado a los locos como seres iniciados en el secreto del mundo.

Sea como fuere, no hace falta morirse, ni convertirse en un chiflado oficial y ser encerrado en un manicomio, ni drogarse como el yonqui más tirado, para tener atisbos del paraíso. En todo proceso creativo, por ejemplo, se roza esa visión descomunal y alucinante. Y también nos ponemos en contacto con la locura primordial cada vez que nos enamoramos apasionadamente. He aquí otro tema sobre el que trata este libro: la pasión amorosa. Está íntimamente relacionado con los otros tres, porque la pasión tal vez sea el ejercicio creativo más común de la Tierra (casi todos nos hemos inventado algún día un amor), y porque es nuestra vía más habitual de conexión con la locura. En general, los humanos no nos permitimos otros delirios, pero sí el amoroso. La enajenación pasajera de la pasión es una chifladura socialmente aceptada. Es una válvula de seguridad que nos permite seguir siendo cuerdos en lo demás.

Y es que las historias amorosas pueden llegar a ser francamente estrambóticas, verdaderos paroxismos de la imaginación, melodramas rosas de pasiones confusas. A lo largo de mi vida me he inventado unas cuantas relaciones semejantes y ahora me voy a permitir relatar una de ellas, a modo de ejemplo de hasta dónde te puede llevar la fantasía (y la locura).

Sucedió hace mucho tiempo, demasiado, poco antes de la muerte del dictador. Yo tenía veintitrés años y colaboraba desde Madrid en la revista *Fotogramas*. Mi guardarropa estaba compuesto por dos pares de pantalones vaqueros, una falda zarrapastrosa de flores, unas botas camperas algo mugrientas, cuatro o cinco camisas indias transparentes y un zurrón de flecos. Quiero decir que era más bien hippy, todo lo hippy que se podía ser en 1974 en la España de Franco. Lo cual significaba que estaba más o menos convencida de que, entre todos, podíamos cambiar el mundo de arriba abajo. Había que tomar drogas psicodélicas para romper la visión burguesa y convencional de la realidad; había que inventar nuevas formas de amarse y de relacionarse, más libres y sinceras; había que vivir ligero de equipaje, con pocas posesiones materiales, sin atarse al dinero.

Aquel mes de julio de 1974 fue especialmente caluroso, con un sol sahariano que te derretía el cuero cabelludo. Por las noches, el cuerpo se recobraba de la tortura diurna y empezaba a irradiar hambre de vida. Las noches del verano de 1974, con Franco ya muy viejo, estaban cargadas de electricidad y de promesas. Una de esas noches salí a cenar con mi amiga Pilar Miró, con su novio de entonces, un realizador extranjero que estaba rodando una película en España, y con M., el protagonista del film, un actor europeo muy famoso que había triunfado en Hollywood. M. tenía treinta y dos años; no era demasiado alto, tal vez un metro setenta y cinco, pero era uno de los hombres más guapos que jamás había visto. Sus ojos eran tan azules y abrasadores como la llama de un soplete; sus pómulos eran altos y marcados, su constitución atlética, su pecho un tenso cojín de caucho (lo advertí al apoyar la mano ligeramente sobre él cuando le di los besos de bienvenida, esos deliciosos pectorales sólidos y elásticos). Además, era tímido, callado, melancólico. O eso me explicó Pilar cuando telefoneó para preguntarme si quería cenar con ellos:

—El pobre M. está muy triste y muy solo. Como sabes, acaba de separarse de su mujer, y, con todo lo guapo que es, es incapaz de ligar. Es un tipo muy reservado, pero encantador.

De manera que, en realidad, yo fui a la cena como posible objeto de ligue; fue una cita tácitamente celestinesca. Acudí de buen grado, curiosa y divertida, intrigada por las descripciones de Pilar. M., en efecto, hablaba más bien poco, pero era imposible discernir si su laconismo era una cuestión de carácter o una consecuencia del hecho de que no pudiéramos entendernos, porque él no hablaba el castellano y mis conocimientos de inglés de aquella época se reducían a un par de canciones de Dylan y los Beatles, barbotadas de oído soltando barbarismos. A pesar de esta dificultad monumental, la noche transcurrió bastante bien, con Pilar y su novio llevando el peso de la charla. Cenamos opíparamente, nos fuimos de copas y terminamos en una discoteca. A esas alturas de la madrugada y del baile ya no nos hacía falta conversar: nuestros cuerpos asumieron todo el diálogo. Apretada entre sus brazos, hundiendo la nariz en el olor febril y mullido de su rico pecho, disfrutaba de ese mágico momento que consiste en sentirte deseada por un hombre al que deseas ardientemente. Toda mi conciencia estaba inundada por esa sensación de plenitud, pero por debajo, ahora me doy cuenta, también se agitaba una vaga inquietud, una pequeña incomodidad que preferí ignorar.

Al cabo Pilar y su novio se retiraron, y nosotros, sin necesidad siquiera de preguntarnos, nos dirigimos en mi coche, ese Mehari de segunda mano al que se refiere Iván Tubau, al apartamento que la productora había alquilado a M. en la Torre de Madrid, el orgulloso rascacielos del franquismo. Era sábado y, cuando llegamos a la plaza de España, había montones de vehículos aparcados sobre la acera. Yo encontré a duras penas un pequeño hueco entre ellos y también dejé el coche ahí. Pese a la hora, los jardines de la plaza estaban llenos de gente, como si se estuviera celebrando una verbena. Era el calor, y el veneno delicioso de las noches de julio. Subí al apartamento de M. más embriagada por la intensidad de la noche que por el alcohol. Tardamos en llegar: el interior de la Torre era un laberinto de ascensores y escaleras, y la vivienda se encontraba en uno de los últimos pisos. Recuerdo que estábamos tan encendidos que apenas si nos dio tiempo a cerrar la puerta; recuerdo que tiramos la ropa por el suelo y que nosotros mismos rodamos sobre la moqueta durante largo rato antes de arrastrarnos hasta la cama. Recuerdo que, como a menudo sucede en los primeros encuentros, sobre todo cuando hay mucho deseo, cuando se es tímido, cuando se es joven y cuando no existe demasiada comunicación, el acto sexual estuvo lleno de torpezas, de codos que se clavaban y piernas que no se colocaban en el lugar adecuado. Su cuerpo era un banquete, pero me parece que la cosa no nos salió demasiado bien.

Después M. se quedó adormilado, mientras al otro lado de las ventanas amanecía. Tumbada a su lado, sudorosa e incómoda, apresada por un brazo de M. que me aplastaba el cuello, yo contemplaba cómo la habitación se iba inundando de una luz lechosa; y en la desnudez de esa claridad tan desabrida, en el frenesí obsesivo de los insomnios, empecé a sentirme francamente mal. Has jugado el papel más convencional, más burgués del mundo, me dije: la tonta que liga con el famoso. ¡Pero si ni siquiera podíamos entendernos! ¿Qué diantres le podría haber gustado de mí? Y es que por entonces, como les sucede a tantos jóvenes, yo era una persona muy insegura sobre mi físico y creía que mi único atractivo estaba en mis palabras. Pero, si no nos habíamos hablado, ¿por qué había ligado conmigo? Porque estaba previsto, me contesté; porque yo era esa chica, cualquier chica, que les meten a estos figurones en la cama. M. no era un hombre reservado y un gran tímido, sino un machista desconsiderado y un cretino. Empecé a sentirme tan estúpida que me hubiera dado cabezazos contra las paredes.

En vez de aporrearme, decidí escapar. Me contorsioné como un fenómeno de circo y conseguí salir de debajo del pesado abrazo de M. sin que se despertara. Descalza y sigilosa, recogí la ropa del suelo y me vestí con rapidez. Dos minutos más tarde cerraba la puerta del apartamento tras de mí; estaba cansada y aturdida, con la boca pastosa y el ánimo por los suelos. Descendí por los diversos ascensores como una autómata y al llegar al portal el día me golpeó con todo su esplendor. Eran las diez y pico de la mañana y el sol horadaba el pavimento. Frente a mí, encima de la isla central de la plaza de España, mi Mehari rojo era un alarido de ilegalidad. No quedaba ningún otro vehículo sobre la acera: sólo mi pequeño cacharro, destartalado y sospechosamente contracultural, con la lona del techo polvorienta y rasgada. Alrededor del Mehari, un enjambre de *grises*, los temibles policías franquistas, husmeaban y libaban como abejorros. Primero creí que era un espejismo, un delirio inducido por el sol cegador. Luego tuve que admitir que era real. Me fallaron las rodillas. Siempre te temblaban las rodillas delante de los *grises*, en el franquismo.

Hice rápidas cábalas, intentando encontrarle alguna salida a la situación. Más tarde comprendí que tendría que haberme marchado de puntillas y luego haber denunciado la desaparición del coche, como si me lo hubieran robado. Pero estaba sin dormir, las sienes me explotaban, me sentía mareada y el cerebro me funcionaba al ralentí. De manera que tomé la decisión de acercarme y resultó fatal.

En cuanto que les saludé y observé cómo me miraban los policías, empecé a intuir que me había equivocado. No había tenido en cuenta mi aspecto, que en el mejor de los casos era sospechoso porque en el franquismo todo era sospechoso (como mis vaqueros raídos, la camisa india semitransparente sin nada por debajo, el pelo frito de permanente afro) y que ahora además ofrecía ese inequívoco toque macilento de las noches de farra, con los cabellos como alambres y restos de maquillaje ensuciando la cara. Mis aturdidos balbuceos tampoco mejoraron la impresión que les produje:

—Aparqué aquí anoche, estaba lleno de coches, no me di cuenta de que estaba prohibido, tomamos una copa, me fui a dormir a casa de una amiga...

Los *grises* tenían la expresión tan gris como sus uniformes. Desde que una bomba de ETA había reventado medio año antes a Carrero Blanco, las fuerzas de seguridad estaban especialmente paranoicas.

—Documentación —gruñeron.

Metí la mano en el zurrón de flecos y, pese al creciente calor de la mañana, un dedo de hielo comenzó a descender por mi espina dorsal.

No encontré ni la cartera ni las llaves.

Recordé que, cuando entré en el apartamento de M. unas horas antes, llevaba las llaves en la mano, y debí de perderlas en el frenesí y la urgencia de la carne. En cuanto a la cartera, también había tirado el bolso sobre la moqueta de cualquier manera (antes de salir lo recogí del suelo) y, como el zurrón carecía de cierre, seguramente la pesada cartera llena de monedas había rodado fuera. Al irme del apartamento, entre el sigilo, la furia, el atolondramiento y la penumbra de las persianas corridas, no me había dado cuenta de que faltara nada.

—Pues es que... es que ahora no encuentro el billetero. Y las llaves tampoco. Acabo... acabo de visitar a un amigo aquí en la Torre de Madrid y seguro que me lo he dejado. Puedo cruzar y subir a buscarlo —carraspeé con la garganta seca.

Los *grises* se encapotaron un poco más. Crecían de estatura por momentos, ceñudos y temibles.

—¿No decía que había dormido en casa de una amiga? ¿Y ahora dice que ha estado aquí enfrente con un amigo? —argumentó uno con tonillo sarcástico e ínfulas de agudo detective—: ¿Y quién es ese amigo y dónde vive?

Ya me parecía bastante calamitoso tener que volver a aparecer en casa de M. a buscar mis cosas, pero con la pregunta del policía me di cuenta de otro pequeño detalle catastrófico: no sabía cuál era el apartamento ni en qué piso estaba. Debí de ponerme del color de la cera. Gemí, tartamudeé, jadeé y expliqué como pude que era un actor famosísimo (¿pero no lo conocen?) y que no teníamos más que ir a preguntarle al portero, y subir, y recuperar mis cosas e identificarme, y recoger la multa por mal aparcamiento, claro que sí, y marcharnos todos a nuestros asuntos tan tranquilos.

Creo que no quedaron muy convencidos, porque dos de los policías me acompañaron a la Torre y uno me tenía firmemente agarrada por el antebrazo. Me acerqué al portero, que nos observaba con notoria desconfianza desde detrás de su siniestro mostrador de mármol verde oscuro, estilo panteón de El Escorial. Le pregunté por M. No le conocía. Describí a M. con todo lujo de detalles, enumeré todas sus películas estrenadas en España, di el nombre de la productora. No le sonaba nada. Él era un suplente, solamente venía algunos fines de semana, llevaba en su puesto desde las seis de la mañana y no me había visto entrar en el edificio. ¿Y salir? Sin duda tenía que haberme visto salir, veinte minutos antes. Ah, de eso no tenía constancia. Como era natural, él no se preocupaba tanto de los que salían como de los que entraban, por una cuestión de seguridad. A esas alturas, el portero del edificio, un cuarentón obtuso, había trabado una relación de confianza con los dos policías. Eran colegas y los tres estaban en contra de mí, crecientemente inquietos y suspicaces. En las dictaduras tú siempre eres culpable y lo que tienes que demostrar es tu inocencia.

De manera que el guardia que me tenía agarrada por el brazo me volvió a arrastrar hacia el coche. En el entretanto habían aparecido más *grises;* ahora eran por lo menos una docena, y uno de los recién llegados debía de ser un mando importante, porque todos se le cuadraban muy obsequiosos. Empezaron a contarle respetuosamente mi peripecia: «Dice que ha olvidado su cartera y sus documentos en un apartamento... Dice que no recuerda el apartamento... Ha incurrido en contradicciones...». En ésas estábamos cuando uno de los policías más jóvenes, un muchachito rústico de apenas veinte años, de esos a los que en la universidad llamábamos de forma paternalista *desertores del arado,* se puso a husmear en mi coche, en el que, por otra parte, había muy poco que ver. Era una especie de pequeño jeep de plástico rojo; como estábamos en verano le había quitado las puertas y las lonas laterales, y sólo tenía puesta la capota del techo. El joven *gris* abrió la guantera, que, aunque tenía llave, estaba rota, y verificó que allí dentro no se ocultaba nada. Luego metió las manos por debajo de los asientos y sacó unos cuantos puñados de pelusas. Por último, y en un rapto de genialidad, procedió a desenroscar la bola del cambio de marchas. El cambio de marchas era una larga palanca de metal, rematada por una bola de plástico negro de unos seis centímetros de diámetro. Curiosamente, la bola estaba hueca y dividida por la mitad, y ambas partes se enroscaban una con otra, supongo que para poder montar y desmontar la palanca fácilmente. Esa modesta pieza de mecano fue la que abrió el joven guardia; y dentro encontró una minúscula piedra de hash envuelta en celofán, bastante reseca y apenas suficiente para un par de petardos, las sobras de un reciente viaje a Amsterdam, un pequeño almacén de provisiones que yo prácticamente había olvidado.

Tuve mucha suerte. Tan sólo estuve detenida un par de días y no me atizaron ni un bofetón, cosa que, en aquellos rudos tiempos del franquismo, era algo extraordinario. Supongo que mi profesión de periodista en activo, que verificaron enseguida, debió de contener su furia represora; eso y mi condición evidente de pringada, de persona que no tenía relación con nada verdaderamente subversivo. Tuve que pagar una pequeña fianza y se abrió un proceso que nunca llegó a nada, porque fue sobreseído o archivado o lo que fuere en una de las amnistías del posfranquismo. A la mañana siguiente de mi detención, mi hermana Martina vino a comisaría y trajo el carnet de identidad y las llaves del coche. M. había llamado a casa (a la casa familiar, que es la que figuraba en el DNI, y en la que aún seguía viviendo mi hermana; esa casa remota que ahora he visitado y que oculta las antiguas baldosas bajo el parquet) y le había llevado mis pertenencias.

—¿Qué pasó? ¿Por qué te fuiste así del apartamento de ese tío, tan corriendo y dejándotelo todo? —me preguntó Martina adustamente.

Jamás habíamos compartido confidencias de novios ni en realidad de nada. Vivíamos como ensordecidas desde el gran silencio.

Yo me encogí de hombros. Me sentía humillada por la noche con M., por mi propia actitud, por haber sido detenida tan estúpidamente. No quería ni acordarme de mis torpezas.

—Bah. En realidad no pasó nada. Sólo que es un machista y un gilipollas. No quiero volver a saber de él.

Hay que tener mucho cuidado con la formulación de los deseos, porque a lo peor se cumplen. En efecto, no volví a saber de M., por lo menos durante un par de semanas. Luego un día abrí el diario *Pueblo* y, en la sección de frivolidades veraniegas, me encontré con una fotonoticia que decía: *La novia española de M.* Y allí estaba retratado él, en una mala instantánea pillada por sorpresa a la salida de algún local, con un brazo por encima de los hombros de Martina.

De mi hermana.

Aquel día me fui a comer a casa de mis padres, pero Martina no estaba. Demoré mi marcha por la tarde por ver si llegaba, pero nunca llegó; de manera que regresé de nuevo al día siguiente a la hora del almuerzo, para pasmo y delicia de mi madre. Martina estaba allí, ojerosa y menos cuidadosamente arreglada que de costumbre (siempre ha sido más clásica vistiendo), pero muy guapa. Irradiaba esa mágica exuberancia que proporciona el buen sexo. En cuanto que la vi empecé a sufrir. Y qué sufrimiento tan violento. No estaba preparada para sentir algo así. Fue como enfermar de un virus. Fue la peste bubónica.

En aquella ocasión no conseguí hablar con ella prácticamente de nada. Y tampoco al día siguiente, ni al otro. Cogí la costumbre, o más bien la angustiosa necesidad, de ir a comer todos los días a la casa familiar. Martina unas veces estaba y otras no. Cuando estaba, nunca nos decíamos nada, nunca le mencionábamos. A mí me bastaba con verla para sentir la más refinada de las torturas, y aun ese tormento era mejor que nada. El deseo, ya se sabe, es triangular. Lo dice Huizinga en *El otoño de la Edad Media*, refiriéndose a los caballeros que rescatan damas apuradas: «Incluso si el enemigo es un cándido dragón, siempre resuena en el fondo el deseo sexual». Yo amé desesperadamente a M. a través de mi hermana. Ella era la hacedora y por lo tanto hizo; yo le puse y le pongo palabras a la nada.

Cuando la veía, me parecía olerle. La imaginaba lamiendo su pecho mullido. Mordisqueando su cuello delicioso. Para entonces mi idea sobre M. había cambiado por completo. Ahora estaba convencida de que era un hombre encantador, un tipo reservado y sensible, como había dicho Pilar. Era yo la que lo había echado todo por la borda. La que se había puesto paranoica y estúpida.

Un día, al llegar al edificio de mis padres, coincidí con mi hermana. Estaba saliendo de un vehículo grande conducido por un tipo desconocido; sin duda era un coche de producción y habían ido hasta allí para dejar a Martina antes de marcharse al rodaje. M. se asomó por la ventanilla de atrás y saludó a mi hermana con la mano;

luego, sus ojos se cruzaron casualmente con los míos. Su media sonrisa se borró; frunció el ceño y enrojeció; cuando el coche arrancó, aún nos estábamos mirando. Sus ojos eran como una quemadura. Como el fósforo ardiente de una cerilla que se hubiera pegado a la carne y la taladrara. Entré consternada en el portal detrás de mi hermana, que me estaba esperando en el ascensor. Subimos en la vieja y cochambrosa caja de madera. Yo debía de estar obviamente tan mal que, cuando nos detuvimos en el séptimo piso, Martina me puso una mano en el brazo y murmuró:

—Tú dijiste que era un gilipollas y que no querías saber nada de él.

No contesté.

—Tienes un incendio en la cabeza y por eso quemas las cosas —añadió mi hermana con cierta aspereza.

Seguí callada. No podía articular palabra. Ahora era mi hermana la que hablaba y yo la que había caído en el silencio.

En cualquier caso, no nos dijimos más. Dejé de ir a comer a casa de mis padres y me dediqué a sufrir intensamente todas y cada una de las horas del día. Estaba obsesionada. Yo aún no era consciente de ello, pero M. tenía la Marca, esto es, reunía todos los ingredientes fatales que hacen que un hombre me aprisione, como el cepo aprisiona al zorro itinerante. Tengo la teoría de que el deseo sexual y pasional se construye en algún momento muy temprano de la existencia y sobre unas pautas más o menos estables. Es como lo que contaba Konrad Lorenz, el padre de la etología, sobre sus gansos. Cuando el pequeño ganso sale del cascarón, toma por su madre al primer ser vivo que ve cerca. Eso se llama *imprimación*: ese primer ser vivo se imprime con el contenido emocional del concepto madre, y así permanecerá identificado para siempre, engarzado al corazón del pato hijo (Lorenz se aprovechaba de esta circunstancia para que camadas enteras de minúsculos patos le siguieran por todas partes, transidos de amor filial por él).

Pues bien, yo creo que en el deseo y la pasión sucede algo semejante. En algún instante remoto de nuestra conciencia se produce la imprimación del objeto amoroso, con características a veces físicas, a veces psíquicas, a veces de ambas clases: te gustan gordos, te gustan flacos, de tu propio sexo o del sexo contrario... Cada cual tiene un diseño secreto del amor, una fórmula enganchada al corazón. Son cosas sutiles: por lo general resulta dificilísimo reconocer la pauta, porque tus amores pueden ser aparentemente muy distintos. Yo empecé a descubrir mi fórmula hará unos diez años. Ahora ya sé cómo funciona; les veo la Marca y me disparo.

Los hombres que me gustan o, por mejor decir, los hombres que me pierden, reúnen todos ellos, que yo sepa, tres condiciones concretas. En primer lugar, son guapos: me avergüenza reconocerlo, pero es así. Segundo, son inteligentes: si el más guapo del mundo dice una necedad se convierte en un pedazo de carne sin sustancia. Y ahora viene el ingrediente fundamental, el tercer elemento que cierra el ciclo de la seducción como quien cierra un candado: son individuos con una patología emocional que les impide mostrar sus sentimientos. Esto es, son los tipos duros, fríos, reservados, ariscos, en quienes creo adivinar un interior de formidable ternura que no consigue encontrar la vía de salida. Yo siempre sueño con rescatarlos de ellos mismos, con liberar ese torrente de afecto clausurado. Pero eso nunca se logra. Y lo que es aún peor: sospecho que, si algún día uno de esos chicos duros llegara a transmutarse en un individuo afable y cariñoso, lo más probable es que dejara de gustarme. La Marca es así: una tirana.

Para mi desgracia, y aunque yo no lo supiera por entonces, M. poseía la Marca. Era guapo; parecía inteligente (al menos, no decía tonterías, y el que no nos entendiéramos ayudaba bastante) y sin duda era un tipo emocionalmente acorazado. Caí presa de él, o de la imagen de él, o del invento que yo me había hecho sobre él, como la mosca que se queda pegada en un merengue. Durante dos o tres meses, su ausencia me obsesionó. No podía escribir, no podía leer, sólo pensaba en él y en que lo había perdido. No fue un dolor amoroso: fue una enfermedad. Evité a Martina durante el resto del año: no volvimos a vernos hasta Navidades. Luego me enteré de que mi hermana había estado con M., supongo que felizmente (nunca lo hemos hablado: he aquí otro silencio), hasta que él acabó el rodaje y se marchó a su país. Entonces se separaron con toda tranquilidad y cada cual siguió con su vida. Martina se dedicó a cimentar su carrera, echarse un novio, casarse, tener hijos, montar un hogar que siempre parece acogedor. Para eso es una hacedora. Que yo sepa, nunca se volvieron a encontrar. Pero la verdad es que no sé nada.

Me fui recuperando poco a poco como quien se recupera de una amputación. Durante un par de años ni siquiera me atreví a ver sus películas. Pero luego, con el tiempo, no sólo se fue borrando el dolor, sino también la cicatriz, y empezó a costarme creer que hubiera perdido la cabeza por él. Si no le conocía. Si era un perfecto extraño.

Pasaron los años, tuve varios amores y diversas parejas, escribí algunos libros, dejé de ser hippy, cambié el cannabis por el vino blanco y mi guardarropa se hizo inconmensurablemente mayor. Y no sólo el guardarropa: mi casa se llenó de infinidad de cosas innecesarias. Es una de las características de la edad: a medida que envejeces, tu casa se empieza a convertir en un cementerio de objetos inútiles. En ésas estaba, instalada ya definitivamente en la edad madura cuando, no hace mucho, me invitaron a ser jurado de un festival internacional de cine que se celebraba en Santiago de Chile. El jurado estaba compuesto por nueve personas: actores, directores de cine, escritores. Me habían comunicado previamente los nombres de todos, pero cuando llegué al aeropuerto de Santiago alguien comentó que había habido unos cuantos cambios. Los jurados nos reuníamos esa noche por primera vez en el restaurante del hotel; al día siguiente comenzaba el certamen. Me quedé dormida y llegué la última al reservado de la cena, aturullada y muerta de vergüenza. Ocupé el primer sitio libre que encontré y los organizadores empezaron a presentarnos. El tercer nombre que dijeron fue el de M. Me quedé helada. Giré la cabeza y estaba sentado junto a mí. Nuestros ojos se cruzaron, pero su mirada ya no quemaba como el fósforo. Intercambiamos una pequeña sonrisa social sin dar ninguna muestra de reconocernos. Yo estaba segura de que no se acordaba de mí, lo cual era un alivio.

Amparada en mi anonimato, me dediqué a estudiarle de modo subrepticio. Creo recordar que por entonces yo tenía cuarenta y cinco años; luego él debía de tener cincuenta y cuatro. Sus ojos seguían siendo poco comunes, aunque ahora parecían más pequeños, quizá porque los párpados se habían descolgado un tanto y porque el blanco ya no era tan blanco, sino más enrojecido y más acuoso. De entrada, en fin, ya no resultaba espectacular; ya no era un hombre que fuera atrapando las miradas con sólo aparecer en algún lugar. El tiempo no suele ser piadoso con los guapos; mientras que, los que nunca hemos sido bellos, podemos adquirir cierta solera con los años. Quiero decir que ahora nos encontrábamos más a la par, que ya no existía esa distancia física que antaño me había hecho sentir tan insegura. M. estaba canoso y arrugado. Y tenía una expresión cansada o melancólica. Había envejecido de manera natural y aparentaba su edad; era evidente que, a diferencia de otros divos de Hollywood, él no se había hecho ningún trabajo estético. Por otra parte, ya no era un divo de Hollywood. Había conseguido mantener una carrera bastante buena, pero mucho más modesta, de tipo europeo, de actor profesional y no de estrella. Había hecho películas y teatro; y en los últimos años había escrito un par de obras dramáticas que se habían representado en diversos países con razonable éxito. Yo había visto una de ellas en Madrid. No estaba mal.

Pero lo más sorprendente de todo fue que hablamos. A esas alturas yo ya sabía inglés y no tuvimos ningún problema para entendernos. M. se comportó con una extraordinaria cortesía; me preguntó infinidad de cosas sobre mi vida y consiguió que pareciera que le interesaban las respuestas. Al final de la cena me embargaba esa aleteante excitación que una siente cuando acaba de conocer a alguien, y le ha notado muy cerca, y desea acercarse aún mucho más. O sea, me puse coqueta, que es un estado delicioso. Me gustaba su sobriedad, su amabilidad algo envarada y esa tristeza de fondo, tan hermética. Sin duda M. seguía teniendo la Marca.

Dicen que la felicidad no tiene historia. Pero sí que la tiene, lo que pasa es que cuando la cuentas suena ridícula. En los festivales de cine, en donde los jurados se ven forzados a convivir durante varios días, a menudo sucede que se crean dos grupos, a veces ásperamente enemistados. En nuestro caso también hubo algún que otro conato de enfrentamiento pero, cosa extraordinaria, M. y yo estábamos siempre de acuerdo. Formamos un núcleo de una solidez inquebrantable, al que se adherían pasajeramente unos u otros miembros del jurado; y al final conseguimos que salieran premiadas nuestras películas, es decir, aquellas producciones por las que apostábamos. Nos reímos mucho; nos apoyamos mucho; alcanzamos una enorme complicidad, una extraña intimidad de equipo frente a los otros. Desayunábamos juntos, pasábamos la jornada entera juntos, cenábamos juntos, tomábamos copas juntos y nos separábamos durante apenas seis horas de sueño por las noches. A medida que pasaban los días, nos agarrábamos más del brazo, nos tocábamos la mano, nos tocábamos la rodilla, nos tocábamos todo lo que podíamos manteniendo la apariencia de un roce casual o de una demostración de puro afecto amistoso. Fueron unos días frenéticos.

Al final, en la jornada de clausura, en nuestra última noche, los dos sabíamos lo que iba a suceder sin necesidad de decirnos nada. Ésa es una de las pocas ventajas de la edad, que uno se ahorra mucha palabrería. Nos escapamos de la ceremonia de entrega de premios, nos fuimos a mi habitación y pedimos una cena opípara al *room service*. Ni la probamos. Otra de las ventajas de la edad: no hay que fingir orgasmos, no hay que dar grititos innecesarios y, en general, uno ya sabe dónde colocar los codos y las rodillas. No nos sobró ninguna articulación en esa noche. Podríamos haber hecho el amor varios días antes, pero habíamos disfrutado del aplazamiento, de la promesa tácita, de los roces crecientes, de la oferta de ese cuerpo que es un tesoro que nos aguarda, del deseo que se tensa y se exacerba. Me deleité sacando a la luz cada centímetro de la piel de M. Su cuerpo delgado, menos musculoso que antes; su carne madura, más descolgada y blanda. Pero también más elocuente. Me gustaron sus caderas de hombre mayor, la manera en que cedían bajo mis dedos, la larga historia personal que me contaba su piel. Hicimos el amor con fiereza y ansiedad adolescente, y luego con golosa lentitud de adultos, y después con una sensualidad obsesiva e intemporal. Raras veces he sentido tanto a un hombre. Fue un festín.

Por la mañana, poco antes de despedirnos para tomar cada uno nuestro vuelo, enredados aún en la cama revuelta y muertos de sueño, a medias ahítos y a medias hambrientos, pasé el dedo por la enorme cicatriz que ahora rajaba el pecho de M. de arriba abajo, desde el hoyo del cuello hasta el estómago. Eso también sucede con la edad: vas acumulando cicatrices, sólo que algunas son visibles y otras no.

—¿Y esto? —pregunté, sintiéndome un poco ridícula: porque habría tantas cosas para preguntarle.

—Un corazón de mala calidad —respondió él en tono ligero.

Como Pilar Miró, recordé: también ella tenía un costurón semejante.

—Como Pilar Miró —se me escapó en voz alta—: ¿Te acuerdas de ella?

—Pilar, sí, claro. Una mujer estupenda. Me impresionó mucho que muriera tan joven. Nos veíamos en los festivales de cuando en cuando —contestó M.

Y luego se incorporó sobre un codo y me miró, ladeando un poco la cabeza:

—De modo que eras tú —dijo—: Lo llevaba sospechando varios días, pero no estaba seguro.

Creo que enrojecí.

—Entonces, ¿te acordabas de mí? —le pregunté, incrédula.

—Por supuesto. Perfectamente. Te he recordado bastantes veces durante estos años.

No está hablando de mí, pensé. Habla de mi hermana. Pero ella y yo no nos parecemos físicamente en absoluto.

—¿Seguro que te acordabas *de mí*? —insistí, recalcando el pronombre.

Se echó a reír.

—De ti, Rosa, de ti... ¿De quién, si no?...

No le dije de quién. No nombré mi fantasma. Pero debí de enviarle un mensaje mental, porque M. preguntó:

—¿Qué ha sido de tu hermana?

—Ah, está muy bien. Posee una empresa propia de informática, se casó, tiene tres hijos...

M. sonrió:

—¿Sigue fumando porros?

Una especie de calambre me recorrió la mandíbula, haciéndome rechinar los dientes. No sabía qué decir y opté por una respuesta poco comprometedora.

—No. Ya hace mucho que lo ha dejado.

M. suspiró:

—Sí, claro, a estas alturas ya todos hemos dejado casi todo.

Ahora bien: que yo supiera, mi hermana, siempre tan ordenada, tan racional, tan hacedora y tan pulcra, nunca había fumado porros, de manera que M. tenía que estar refiriéndose a mí. Pero, por otra parte, ¿acaso conocía o conozco yo de verdad a mi hermana? ¿Y si existe otra Martina que no tiene nada que ver con la que yo percibo, y si en su juventud se pasaba la vida colocada? ¿A quién se refería M., en realidad? ¿En quién estaba pensando, a quién estaba viendo cuando me miraba? No quise seguir preguntándome, y desde luego no quise preguntarle nada a él. Los minutos pasaban, teníamos que irnos y los dos sabíamos que no íbamos a hacer nada para volver a vernos. Ambos teníamos pareja en nuestros respectivos países y en cualquier caso la historia había sido demasiado hermosa como para fastidiarla con la cotidianeidad. O con dudas de identidad. O con preguntas. Otra de las cosas que una aprende con la edad es a tomar las cosas como vienen. E incluso a dar las gracias.

# 19

También podría decir que escribo para soportar la angustia de las noches. En el desasosiego febril de los insomnios, mientras das vueltas y vueltas en la cama, necesitas algo en lo que pensar para que las tinieblas no se llenen de amenazas. Y piensas en tus libros, en el texto que estás redactando, en los personajes que se van desarrollando dentro de ti. La escritora y académica Ana María Matute siempre dice que, por las noches, imagina formidables aventuras hasta que cae dormida. Una de sus correrías preferidas es cabalgar por la estepa convertida en cosaco. Y así, en la cama, mientras la oscuridad la ronda con pisada sigilosa, ella galopa y galopa, siempre joven, en un tumulto de vida y de fiereza.

Qué extraordinario estado, la indefensión nocturna. No sucede siempre, pero en ocasiones, al acostarte, el miedo cae sobre ti como un depredador. Entonces las dimensiones de las cosas se descoyuntan; problemas que durante el día apenas si son pequeños incordios crecen como sombras expresionistas hasta adquirir un tamaño sofocante y descomunal. Cuando Martin Amis escribió su novela *La información* se refería a eso: a esa voz que te susurra por las noches que vas a morirte, un mensaje que uno nunca escucha durante el día pero que en la duermevela te ensordece. Cabría preguntarse, sin embargo, dónde se encuentra la verdad, en dónde estás más cerca de lo real, si en las angustias nocturnas o en la relativa narcosis de los días.

En el desamparo de las noches, en fin, cuando me agobia el recuerdo de los Mengele que torturan niños, o el espanto modesto y egoísta de mi propia muerte, que ya es bastante espantosa por sí sola, recurro a la loca de la casa e intento enhebrar palabras bellas e inventarme otras vidas. Aunque a veces pienso que no me las invento, que esas otras vidas están ahí y que simplemente me deslizo dentro de ellas. A estas alturas de la historia todos nos sabemos seres múltiples. Basta con pensar en nuestros sueños, por no abandonar la cama en la que he empezado este capítulo, para intuir que tenemos otras existencias, además de la que marca nuestra biografía oficial. Ya dije que muchos de mis sueños están relacionados entre sí; que en el otro lado tengo un hermano, una casa, unas costumbres determinadas y constantes. Por añadidura, cuando sufro una pesadilla a menudo soy consciente de que estoy soñando, esto es, de que tengo una vida en otra parte que podría salvarme de ese apuro. Y entonces en mi sueño he ideado el estupendo truco de llamarme a mí misma por teléfono, para despertarme con el ruido del timbre. He empleado este recurso numerosas veces (busco una cabina, un móvil, lo que sea, y marco mi número, y oigo el tuut-tuut pausado y repetitivo), aunque, para mi frustración y desconcierto, nunca he conseguido mi objetivo: todavía no he hallado la manera de que, efectivamente, mi llamada del otro lado conecte con Telefónica o Vodafone, mis servidores de telefonía de la vida de acá. Lo que quiero decir con todo esto es que mi yo dormido sabe que existe un yo despierto, de la misma manera que mi yo diurno conoce la existencia de ese yo soñado.

En su biografía sobre Philip K. Dick, Emmanuel Carrère cuenta que el famoso escritor de ciencia ficción entró un día en su cuarto de baño y empezó a manotear distraídamente en la oscuridad buscando el cordón de la luz que había a la derecha, junto al marco de la puerta. Tanteó un buen rato sin lograr encontrarlo y al final sus dedos cayeron casualmente sobre un interruptor; y entonces Dick se dio cuenta de que en el cuarto de baño nunca había habido un cordón para encender la bombilla, sino una simple llave adosada a la pared. Peor aún; nunca en su vida, en ninguna de sus casas anteriores, ni en los lugares de trabajo, ni en el primer hogar de la más remota infancia, había tenido Dick un cordón de luz semejante. Y, sin embargo, su cuerpo y su mente guardaban una memoria, una rutina ciega y repetitiva, absolutamente doméstica y cercana, de ese cordón inexistente. Como es natural, Philip, muy dado de por sí a la divagación esquizoide, quedó muy impresionado con el suceso. Terminó escribiendo una novela, *Tiempo desarticulado*, sobre un escritor de ciencia ficción que no encuentra el cordón de la luz en su cuarto de baño, cosa que acaba pudiéndose explicar por un complejísimo argumento de vidas paralelas y realidades virtuales.

Yo nunca he experimentado algo tan inquietante, pero soy capaz de reconocerlo y entenderlo. De hecho, la mayoría de las personas deben de sentirse identificadas con este tipo de vivencias escurridizas, o de otro modo no tendrían tanto éxito las obras que abundan en la multiplicidad de lo real, desde las novelas del propio K. Dick hasta películas tan populares como *Matrix*. La vida no es más que un enredo de engañosas sombras platónicas, un ensueño calderoniano, una placa resbaladiza de un hielo muy frágil. Todos hemos experimentado extraños *déjà-vus*, y sabemos que nuestra existencia depende de azares menudísimos. ¿Y si mi madre no hubiera perdido aquel día su autobús habitual y no se hubiera encontrado con mi padre? Tal vez llevemos dentro otras posibilidades de ser; tal vez incluso las desarrollemos de algún modo, inventando y deformando el pasado una y mil veces. Tal vez cada uno de los acontecimientos de nuestra existencia se haya podido dar de diez maneras distintas. Parafraseando a Paul Éluard, hay otras vidas, pero están en la nuestra.

Al jugar con los «y si», el novelista experimenta con esas vidas potenciales. Imagínate que un día te levantas y descubres que tu mano derecha, por ejemplo, está atravesada por una enorme cicatriz que la noche anterior no tenías. Te frotas los ojos con incredulidad, acercas la nariz al dorso de tu mano para escudriñar el costurón, no entiendes nada. Es una cicatriz antigua, un zurcido mediocre que el tiempo ha oscurecido. Asustada, vas a la cocina con la mano extendida en el aire, por delante de ti, como si se tratara de un animal peligroso. Allí te encuentras con tu pareja, o con tu hermana, o con tu madre, que quizá esté cocinando una paella y manchando de azafrán alguna silla. Se sorprenden al verte entrar con la mano expuesta, como si la llevaras en procesión.

Tú aludes a la cicatriz con expresión atónita; ellos, sin darle mayor importancia al asunto, comentan: «Sí, claro, tu cicatriz, es de cuando tuviste aquel accidente tan horrible con la moto, ¿por qué lo dices?». Pero tú no te acuerdas de haber sufrido ningún accidente, y ni siquiera tienes o has tenido moto nunca jamás, y, lo que es peor, ayer te acostaste con la mano entera. «Qué rara estás, ¿te pasa algo?», te dice tu madre, o tu hermana, o tu pareja, al verte tan desconcertada y tan absorta. Y tú no sabes cómo explicarles que los raros son ellos. Lo raro es la vida. Si a M. le hubieran dicho a los treinta años que iba a tener una cicatriz descomunal partiéndole el pecho, ¿no le hubiera parecido tan fantasmagórica e irreal como el imaginario costurón de mi mano?

Lo que hace el novelista es desarrollar estas múltiples alteraciones, estas irisaciones de la realidad, de la misma manera que el músico compone diversas variaciones sobre la melodía original. El escritor toma un grumo auténtico de la existencia, un nombre, una cara, una pequeña anécdota, y comienza a modificarlo una y mil veces, reemplazando los ingredientes o dándoles otra forma, como si hubiera aplicado un caleidoscopio sobre su vida y estuviera haciendo rotar indefinidamente los mismos fragmentos para construir mil figuras distintas. Y lo más paradójico de todo es que, cuanto más te alejas con el caleidoscopio de tu propia realidad, cuanto menos puedes reconocer tu vida en lo que escribes, más sueles estar profundizando dentro de ti. Por ejemplo, supongamos por un momento que he mentido y que no tengo ninguna hermana. Y que, por consiguiente, jamás ha sucedido ese extraño incidente de nuestra infancia, esa desaparición inexplicada de Martina, mi oscura hermana gemela, como diría Faulkner. Supongamos que me lo he inventado todo, de la misma manera que uno se inventa un cuento. Pues bien, aun así ese capítulo de la ausencia de mi hermana y del silencio familiar sería el más importante para mí de todo este libro, el que más me habría enseñado, informándome de la existencia de otros silencios abismales en mi infancia, callados agujeros que sé que están ahí pero a los que no habría conseguido acceder con mis recuerdos reales, los cuales, por otra parte, tampoco son del todo fiables.

Por eso no me gustan los narradores que hablan de sí mismos; y con esto me refiero a aquellos que intentan vengar o justificar su peripecia personal por medio de sus libros. Creo que la madurez de un novelista pasa ineludiblemente por un aprendizaje fundamental: el de la distancia con lo narrado. El novelista no sólo tiene que saber, sino también sentir que el narrador no puede confundirse con el autor. Alcanzar la distancia exacta con lo que cuentas es la mayor sabiduría de un escritor; tienes que conseguir que lo que narras te represente, en tanto que ser humano, de un modo simbólico y profundo, del mismo modo en que los sueños lo hacen; pero todo eso no debe tener nada que ver con lo anecdótico de tu pequeña vida. «Los novelistas no escriben sobre sus asuntos, sino en torno a ellos», dice Julian Barnes. Y Stephen Vizinczey redondea ese pensamiento con una frase precisa y luminosa: «El autor joven siempre habla de sí mismo incluso cuando habla de los demás, mientras que el autor maduro siempre habla de los demás, incluso cuando habla de sí mismo».

Por otra parte, y para complicar las cosas todavía más, muchos lectores caen en el equívoco de creer que lo que están leyendo les ha pasado de verdad a los novelistas. «¡Vaya, pero si eres bastante alta!», me han dicho más de una vez, entre sorprendidos y decepcionados, cuando he asistido a algún coloquio tras mi novela *La hija del caníbal*, protagonizada por una narradora muy bajita. A mí se me llevan los demonios cuando lectores o periodistas extraen absurdas deducciones autobiográficas de mis libros, pero intento consolarme pensando que es un prejuicio habitual y que incluso tuvo que sufrirlo el gran Vladimir Nabokov, pese a que sus libros son obvios y sofisticados artefactos ficcionales. Tras la publicación de *Lolita*, por ejemplo, el pobre recibió una abundante correspondencia en la que se le insultaba y criticaba por pervertir a las niñas pequeñas. «Calificar un relato de historia verídica es un insulto al arte y a la verdad», se indignaba Nabokov.

La narrativa es al mismo tiempo una mascarada y un camino de liberación. Por un lado, enmascara tu yo más íntimo con la excusa de la historia imaginaria; o sea, disfrazas tu verdad más profunda con el ropaje multicolor de la mentira novelesca. Pero, por otro lado, conseguir que la loca de la casa fluya con total libertad no es cosa fácil... El *daimon* puede verse apresado o agarrotado por el miedo al fracaso, o a los propios fantasmas, o al descontrol; o por el temor a lo que puedan pensar o entender tus familiares cuando te lean. Las madres, los padres, las esposas, los maridos, los hijos, imponen a menudo, sin querer, una ansiedad, una censura sobre la ensoñación. Por ejemplo, hay autores que sólo alcanzan su verdadera voz tras la muerte de un padre demasiado riguroso y omnipresente. El ruido de la propia vida siempre entorpece. Por eso hay que alejarse.

«Ser escritor es convertirte en un extraño, en un extranjero: tienes que empezar a traducirte a ti mismo. Escribir es un caso de *impersonation*, de suplantación de personalidad: escribir es hacerse pasar por otro», dice Justo Navarro. Y Julio Ramón Ribeyro llega aún más lejos: «La verdadera obra debe partir del olvido o la destrucción de la propia persona del escritor». El novelista habla de la aventura humana, y la primera vía de conocimiento de la materia que posee es la observación de su propia existencia. Pero el autor tiene que salirse de sí mismo y examinar su propia realidad desde fuera, con el meticuloso desapego con el que el entomólogo estudia un escarabajo. O lo que es lo mismo: no escribes para que los demás entiendan tu posición en el mundo, sino para intentar entenderte. Además, ¿no hemos dicho que los novelistas somos seres especialmente proclives a la disociación, especialmente conscientes de la multiplicidad interior, especialmente esquizoides? Pues seámoslo del todo, potenciemos esa división personal, completemos nuestra esquizofrenia hasta ser capaces de analizarnos demoledoramente desde el exterior.

Y esto no se hace sólo en las novelas y para las novelas, sino en todos los momentos de tu existencia. No estoy hablando únicamente de libros, sino de una manera de vivir y de pensar. Para mí la escritura es un camino espiritual. Las filosofías orientales preconizan algo semejante: la superación de los mezquinos límites del egocentrismo, la disolución del yo en el torrente común de los demás. Sólo trascendiendo la ceguera de lo individual podemos entrever la sustancia del mundo.

El novelista José Manuel Fajardo me contó un día una historia que a su vez le había contado mi admirada Cristina Fernández Cubas, la cual al parecer sostenía que era un hecho real, algo que le había sucedido a una tía suya, o tal vez a una amiga de una tía. El caso es que había una señora, a la que vamos a llamar por ejemplo Julia, que vivía enfrente de un convento de monjas de clausura; el piso, situado en una tercera planta, tenía un par de balcones que daban sobre el convento, una sólida construcción del siglo XVII. Un día Julia probó las rosquillas que hacían las monjas y le gustaron tanto que tomó la costumbre de comprar una cajita todos los domingos. La asiduidad de sus visitas le hizo trabar cierta amistad con la Hermana Portera, a quien, por supuesto, jamás había visto, pero con la que hablaba a través del torno de madera. Conociendo los rigores de la clausura, un día Julia le dijo a la Hermana que vivía justo enfrente, en el tercer piso, en los balcones que daban sobre la fachada; y que no dudara en solicitar su ayuda si necesitaba cualquier cosa del mundo exterior, que llevara una carta, que recogiera un paquete, que hiciera algún recado. La monja dio las gracias y las cosas se quedaron así. Pasó un año, pasaron tres años, pasaron treinta años. Una tarde Julia estaba sola en su casa cuando llamaron a la puerta. Abrió y se encontró frente a frente con una monja pequeñita y anciana, muy pulcra y arrugada. Soy la Hermana Portera, dijo la mujer con su voz familiar y reconocible; hace años usted me ofreció su ayuda por si necesitaba algo del exterior, y ahora lo necesito.

Pues claro, contestó Julia, dígame. Quería pedirle, explicó la monja, que me dejara asomarme a su balcón. Extrañada, Julia hizo pasar a la anciana, la guió por el pasillo hasta la sala y salió al balcón junto con ella. Allí se quedaron las dos, quietas y calladas, contemplando el convento durante un buen rato. Al fin, la monja dijo: Es hermoso, ¿verdad? Y Julia contestó: Sí, muy hermoso. Dicho lo cual, la Hermana Portera regresó de nuevo a su convento, previsiblemente para no volver a salir nunca jamás.

Cristina Fernández Cubas contaba esta bellísima historia como ejemplo del mayor viaje que puede realizar un ser humano. Pero para mí es algo más, es el perfecto símbolo de lo que significa la narrativa. Escribir novelas implica atreverse a completar ese monumental trayecto que te saca de ti mismo y te permite verte en el convento, en el mundo, en el todo. Y después de hacer ese esfuerzo supremo de entendimiento, después de rozar por un instante la visión que completa y que fulmina, regresamos renqueantes a nuestra celda, al encierro de nuestra estrecha individualidad, e intentamos resignarnos a morir.

# Post scriptum

Todo lo que cuento en este libro sobre otros libros u otras personas es cierto, es decir, responde a una verdad oficial documentalmente verificable. Pero me temo que no puedo asegurar lo mismo sobre aquello que roza mi propia vida. Y es que toda autobiografía es ficcional y toda ficción autobiográfica, como decía Barthes.

Agradezco los afectuosos e inteligentes comentarios de Malén Aznárez, José Manuel Fajardo, Alejandro Gándara, Enrique de Hériz, Isabel Oliart, José Ovejero y Antonio Sarabia; y especialmente, como siempre, los de Pablo Lizcano.

Papel certificado por el Forest Stewardship Council®